高校入試対策問題集 国語

JAPANESE

合格への最短完成

栄光ゼミナール監修

CONTENTS

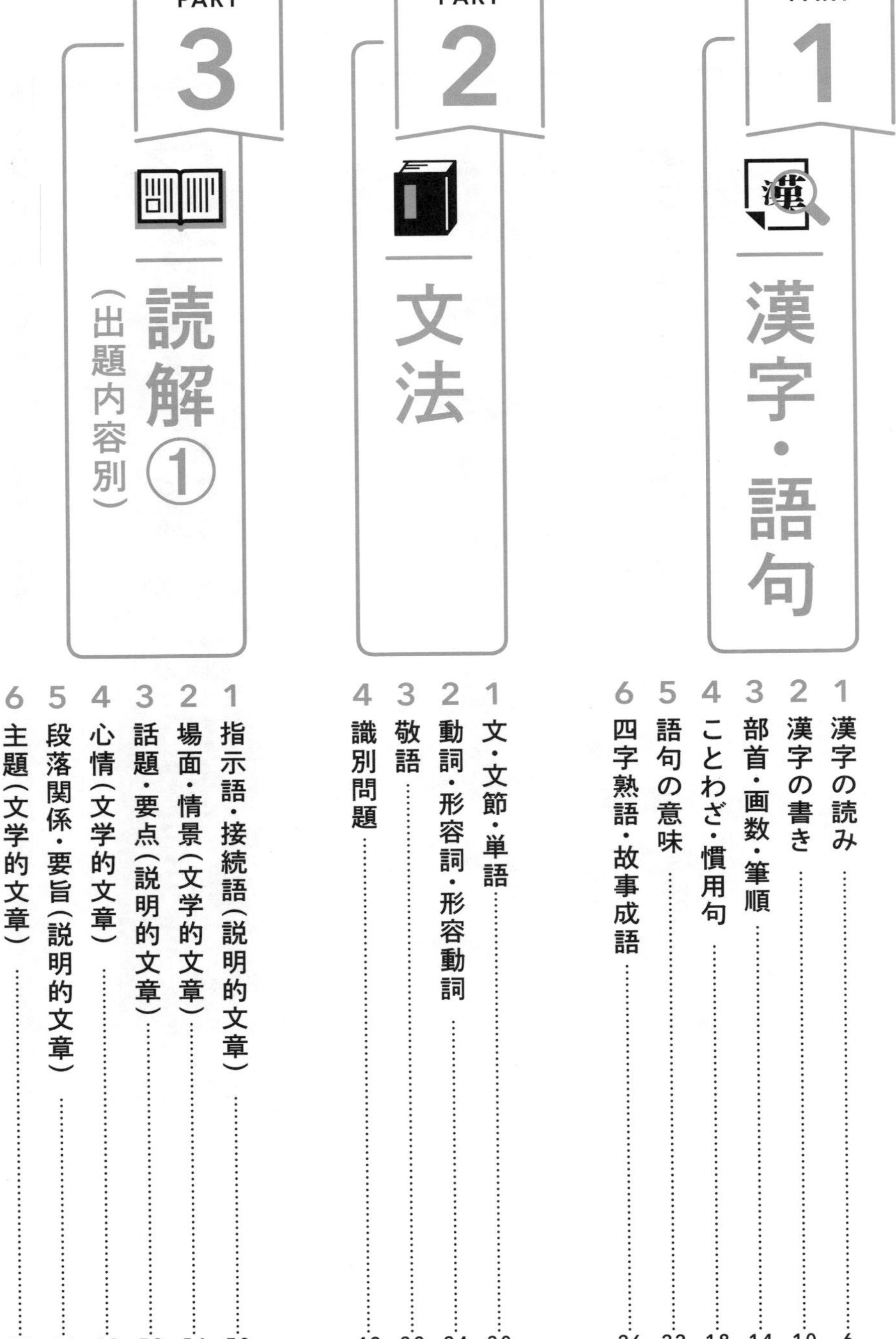

PART 4

読解② (出題テーマ別)

PART 5

古典・詩歌

PART 6

作文・表現

実戦模試

特長と使い方

1 出やすい順×栄光ゼミナールの監修×思考力問題対応

この本は、全国の公立高校入試問題の分析や栄光ゼミナールの知見をもとに、各分野のテーマを、出やすい・押さえておきたい順に並べた問題集です。

さらに、近年の公立高校入試で出題が増えている〝思考力問題〟を掲載しており、「すばやく入試対策ができる」＝「最短で完成する問題集」です。

2 「栄光の視点」の3つのコーナーで塾のワザを〝伝授〟

この単元を最速で伸ばすオキテ

学習にあたって、まず心掛けるべきことを伝授します。「ここに気をつければ伸びる」視点が身につきます。

覚えておくべきポイント

入試突破のために押さえたい知識・視点を復習します。考え方やテクニックも解説しているので、よく読んでおきましょう。

先輩たちのドボン

過去の受験生たちの失敗パターンを掲載しています。塾の講師が伝えたい「ありがちなミス」を防ぐことにつなげます。

※「要点」では、覚えておきたい知識を確認します。「オキテ」「ポイント」「ドボン」「要点」は、科目・テーマによって有無に違いがある場合があります。

3 「問題演習」で、定番問題から新傾向の思考力問題まで対策

「問題演習」の問題には、次のようなマークがついています。

必ず得点……正答率が高いなど、絶対に落とせない問題です。

よくでる……出題されやすい問題です。確実に解けるようにしておきましょう。

差がつく……間違えるライバルが多いものの、入試で出やすい問題です。この問題ができれば、ライバルに差をつけられます。

思考力……初見の資料を読み込ませるなど、「覚えているだけ」ではなく「自分の頭で考えて解く」ことが求められる問題です。この問題が解ければ、試験本番で未知の問題に遭遇しても怖くなくなるでしょう。

最後に、巻末の「実戦模試」に取り組んで、入試対策を仕上げましょう。

PART 1

漢字・語句

1 漢字の読み

栄光の視点

この単元を最速で伸ばすオキテ

- 漢字には訓読みと音読みがある。これらのうち、まず意味を表す「訓読み」に注目することが大事。
- 送り仮名、仮名遣いに気を付けて、一字ずつ正確に覚えておくことが大切。

覚えておくべきポイント

覚えておきたい訓読みの漢字

改める→あらた(める)　覆う→おお(う)
漂う→ただよ(う)　緩やか→ゆる(やか)
踊る→おど(る)　諮る→はか(る)
穏やか→おだ(やか)　施す→ほどこ(す)
専ら→もっぱ(ら)　背ける→そむ(ける)
著しい→いちじる(しい)　臨む→のぞ(む)

複数の訓読みをもつ漢字

速(すみ)やか・速(はや)い　育(そだ)つ・育(はぐく)む　映(うつ)る・映(は)える
割(わ)る・割(さ)く　狭(せば)まる・狭(せま)い　荒(あら)い・荒(あ)れる
苦(にが)い・苦(くる)しい　滑(すべ)る・滑(なめ)らか　強(つよ)い・強(し)いる

送り仮名を間違えやすい漢字

○承(うけたまわ)る・×承たまわる　○潔(いさぎよ)い・×潔よい
○妨(さまた)げる・×妨たげる　○陥(おちい)る・×陥いる
○甚(はなは)だしい・×甚しい　○隔(へだ)てる・×隔る

複数の音読みをもつ漢字

御：御意(ギョイ)・御恩(ゴオン)　恵：恩恵(オンケイ)・知恵(チエ)
柔：柔道(ジュウドウ)・柔和(ニュウワ)　緒：由緒(ユイショ)・情緒(ジョウチョ)

特別な読みの漢字(熟字訓)

田舎→いなか　風邪→かぜ　果物→くだもの
五月雨→さみだれ　清水→しみず　為替→かわせ
芝生→しばふ　小豆→あずき　時雨→しぐれ

先輩たちのドボン

間違えやすい音読みの漢字

惜別　×しゃくべつ　○せきべつ
即興　×そっこう　○そっきょう
顕著　×けんしょ　○けんちょ
渓谷　×けいや　○けいこく
繁茂　×はんしげ　○はんも

要点

☑覚えておきたい訓読みの漢字

搾(しぼ)る　遂(と)げる　裁(た)つ
謹(つつし)む　縮(〇ちぢ　×ちじ)める
諭(さと)す　潤(うる)む　調(ととの)える
掲(かか)げる　潰(つぶ)す
磨(みが)く　粘(ねば)り　奏(かな)でる

☑複数の訓読みをもつ漢字

逃(に)げる／逃(のが)す　捕(と)らえる／捕(つか)まえる　抱(いだ)く／抱(かか)える
頼(たよ)る／頼(たの)む　厳(おごそ)か／厳(きび)しい　降(お)りる／降(ふ)る

☑覚えておきたい音読みの漢字

発汗(はっかん)　警鐘(けいしょう)　化身(けしん)
旺盛(おうせい)　更迭(こうてつ)　屈託(くったく)
率直(そっちょく)　愉快(ゆかい)　禁忌(きんき)
輪郭(りんかく)　貨幣(かへい)　剝奪(はくだつ)
進捗(しんちょく)　罷免(ひめん)　凝視(ぎょうし)
廉価(れんか)　広汎(こうはん)　貢献(こうけん)
寡占(かせん)　哀愁(あいしゅう)　夏至(げし)
宣誓(せんせい)　溺愛(できあい)　依頼(いらい)
整頓(せいとん)　談笑(だんしょう)　風情(ふぜい)

☑送り仮名を間違えやすい漢字

〇鍛(きた)える／×鍛る　〇据(す)える／×据る
〇暮(く)れる／×暮る　〇敬(うやま)う／×敬まう

☑複数の音読みをもつ漢字

直　正直(しょうじき)／直線(ちょくせん)　定　定規(じょうぎ)／定数(ていすう)
殿　殿下(でんか)／御殿(ごてん)　封　封筒(ふうとう)／封建(ほうけん)

☑特別な読みの漢字（熟字訓）

足袋(たび)　海原(うなばら)　乳母(うば)
笑顔(えがお)　叔父(おじ)　叔母(おば)
鍛冶(かじ)　固唾(〇かたず　×かたづ)
尻尾(しっぽ)　竹刀(しない)　老舗(しにせ)
梅雨(つゆ)　名残(なごり)　雪崩(なだれ)
日和(ひより)　吹雪(ふぶき)　土産(みやげ)

☑間違えやすい音読みの漢字

罷免　×りめん　〇ひめん
頒布　×ひんぷ　〇はんぷ
意気地　×いきじ　〇いくじ
車窓　×しゃまど　〇しゃそう

よくでる

1 問題演習

次のそれぞれの文について、下線部の語句の読みを書きなさい。

(1) 弱点を克服した。〈北海道〉〔　　〕
(2) これまでのやり方を踏襲する。〈北海道〉〔　　〕
(3) 専ら聞き役に徹する。〈北海道〉〔　　〕
(4) 船が水面を滑らかに進む。〈北海道〉〔　　〕
(5) 花束が芳香を放つ。〈青森県〉〔　　〕
(6) 両方の請求を棄却する。〈青森県〉〔　　〕
(7) 劇団を主宰する。〈青森県〉〔　　〕
(8) 針を使って洋服を縫う。〈青森県〉〔　　〕
(9) 約束まで時間を潰す。〈青森県〉〔　　〕
(10) 子供の健やかな成長を願う。〈宮城県〉〔　　〕
(11) 交通安全の標語を募る。〈宮城県〉〔　　〕
(12) 新聞に広告を掲載する。〈宮城県〉〔　　〕
(13) 勇敢に立ち向かう。〈宮城県〉〔　　〕
(14) 交渉が円滑に進む。〈山梨県〉〔　　〕
(15) 労力を費やす。〈栃木県〉〔　　〕
(16) 傾斜のゆるやかな坂。〈栃木県〉〔　　〕
(17) 参加人数を把握する。〈栃木県〉〔　　〕
(18) 卒業式の厳かな雰囲気。〈栃木県〉〔　　〕
(19) 真に迫った演技が喝采を浴びる。〈東京都〉〔　　〕
(20) 朗らかな笑い声が聞こえてくる。〈東京都改〉〔　　〕
(21) 職場の人と親睦を深める。〈神奈川県〉〔　　〕
(22) 緩衝地帯を通過する。〈神奈川県〉〔　　〕
(23) 美術館に彫塑を搬入する。〈神奈川県〉〔　　〕
(24) 新事業への進出を企てる。〈神奈川県〉〔　　〕
(25) 彼は穏やかな笑顔を絶やさない。〈新潟県〉〔　　〕
(26) 観光名所を巡る旅を楽しむ。〈新潟県〉〔　　〕
(27) ボランティア活動に携わる。〈新潟県〉〔　　〕
(28) 手紙を封筒に入れる。〈新潟県〉〔　　〕
(29) 高速道路で渋滞が発生する。〈新潟県〉〔　　〕
(30) 家の屋根を修繕する。〈新潟県〉〔　　〕
(31) 郷土史を著す。〈富山県〉〔　　〕
(32) 事態を収拾する。〈富山県〉〔　　〕
(33) 生徒会役員を委嘱する。〈富山県〉〔　　〕
(34) マラソン大会で給水所を設ける。〈石川県〉〔　　〕
(35) 旅先で同窓の先輩に会う。〈石川県〉〔　　〕
(36) 彼女は後輩に慕われている。〈石川県〉〔　　〕
(37) パソコンでウェブページを閲覧する。〈石川県〉〔　　〕
(38) 何事にも懸命に努力する。〈岐阜県〉〔　　〕
(39) 住民に協力を要請する。〈岐阜県〉〔　　〕
(40) タオルを水に浸す。〈岐阜県〉〔　　〕

(41) ズボンの裾を上げる。〈岐阜県〉
(42) 打球の軌跡が弧を描く。〈岐阜県〉
(43) 玄関に、陶製の犬の置物を据える。〈愛知県〉
(44) 観衆の声が響く。〈三重県〉
(45) 自らを戒める。〈三重県〉
(46) 装飾を施す。〈三重県〉
(47) 選手を激励する。〈三重県〉
(48) ペンを拝借する。〈滋賀県〉
(49) 洗濯した衣服を干す。〈滋賀県〉
(50) 誕生日を祝う。〈滋賀県〉
(51) 山頂を目指す。〈滋賀県〉
(52) 炭酸水を飲む。〈滋賀県〉
(53) 長い歴史を誇る都市。〈大阪府〉
(54) 洋書を翻訳する。〈大阪府〉
(55) 議論が紛糾して会議が長引く。〈大阪府〉
(56) 私の家は和洋折衷の造りである。〈青森県〉
(57) 僅差で勝利する。〈青森県〉
(58) 頭上に掲げる。〈和歌山県〉
(59) 大会を催す。〈和歌山県〉
(60) 傷んだ心を癒(いや)す。〈島根県〉
(61) 師の教えに背く。〈島根県〉
(62) 目的から逸脱している。〈島根県〉
(63) 文章の体裁を整える。〈島根県〉
(64) この絵は陰影の表現に優れている。〈山口県〉
(65) 手紙を添える。〈徳島県〉
(66) つぼみが膨らむ。〈徳島県〉
(67) 材料を吟味する。〈徳島県〉
(68) 自然の摂理に従う。〈徳島県〉
(69) 履歴を記す。〈愛媛県〉
(70) 塗装が剥離する。〈愛媛県〉
(71) 両手で荷物を抱える。〈愛媛県〉
(72) 友人との話が弾む。〈愛媛県〉
(73) 馬の手綱を引く。〈高知県〉
(74) 不安を拭う。〈高知県〉
(75) 成長が著しい。〈鹿児島県〉
(76) あこがれの仕事に就く。〈鹿児島県〉
(77) 流行が終息した。〈鹿児島県〉
(78) 緩急自在に球をあやつる。〈岩手県〉
(79) 問屋から店舗に商品を卸す。〈岩手県〉
(80) 害虫を駆除する。〈千葉県〉
(81) 文化祭の演出で紙吹雪が舞う。〈福井県〉
(82) 道路の幅が狭い。〈福井県〉
(83) 朝霧が盆地を覆う。〈福井県〉
(84) 美しい旋律が聞こえる。〈宮城県〉
(85) 会の運営は会費で賄う。〈青森県〉
(86) 空に雲が漂う。〈山梨県〉

2 漢字の書き

栄光の視点

この単元を最速で伸ばすオキテ

- 漢字には形がよく似ているものがある。漢字がもつ意味を理解しながら使い方を覚えることが大切。
- 訓読みの場合、送り仮名も正確に覚えておくこと。
- 対義語がある場合、セットで覚えておくこと。

覚えておくべきポイント

共通の音で形が似ている漢字

- ケン　実験・危険・倹約・検討・真剣
- フク　複数・腹痛・覆水・往復
- フン　噴水・古墳・憤慨
- ヘキ　双璧(ともに優れている二つ)・壁画・性癖
- ホ　哺乳類・捕獲・補習・舗装
- ユ　愉快・輸出・治癒・説諭(悪いことをあらためるように教え諭す)

音が異なるが、形が似ている漢字

隠(イン・かく-す、隠居)
穏(オン・おだ-やか、平穏)
援(エン、援助)
暖(ダン・あたた-かい、暖冬)
輪(リン・わ、車輪)
輸(ユ、輸出)

同音異義語

- ヨウイ　容易な問題ではない。
  キャンプへ行く用意をする。
- キカン　報道機関の出入りを規制する。
  冬休みの期間は夏休みより短い。
  消化器官の検査をする。
  戦地から無事に帰還する。

同訓異字

- とる　写真を撮る。　上着を取る。
  虫捕りに行く。　決を採る。
- へる　コップの水が減る。　長い時を経る。
- やぶれる　試合に敗れる。　ノートが破れる。
- ふる　手を振る。　雨が降る。
- のびる　道路が延びる。　背が伸びる。
- あやまる　けんかの相手に謝る。　答えを誤る。

対義語

- 延長 ↔ 短縮　・具体 ↔ 抽象
- 苦手 ↔ 得意　・人工 ↔ 自然
- 過失 ↔ 故意　・絶対 ↔ 相対

先輩たちのドボン

送り仮名のまちがい

- ×快よい　○快い　・×著い　○著しい
- ×易い　○易(やさ)しい　・×難い　○難(むずか)しい

要点

まちがいやすい漢字

「、(点)」の有無

- 「、(点)」を打つ漢字　博・補・宝
- 「、(点)」を打たない漢字　専・恵・突

共通の音で形が似ている漢字

- イ　委員・萎縮
- イン　婚姻・咽頭・原因
- エイ　永遠・水泳・詠歌
- オク　記憶・億万・臆病
- カ　可能・苛酷・河川
- カ　過去・禍根
- カイ　後悔・海外
- カイ　機械・自戒
- ガイ　概略・憤慨
- ガイ　該当・骸骨
- カク　獲得・収穫
- カツ　一括・生活
- カツ　渇水・褐色
- カン　刊行・干渉・発汗・肝臓
- カン　交換・喚起
- カン　勧誘・歓喜・観察
- カン　環境・還元
- カン　監修・旗艦・鑑賞
- キ　棋士・旗手
- ギ　義手・議題・地球儀・犠牲
- キン　謹呈・僅差
- グウ　偶然・遭遇・一隅
- ケイ　経験・直径
- コ　円弧・孤独
- コウ　坑道・抵抗
- コウ　咽喉・天候・王侯
- コウ　講堂・構造・側溝
- コン　開墾・懇意
- シ　姿勢・恣意・資質
- シュ　特殊・朱色・珠算
- シュ　種類・腫瘍
- ショ　諸藩・一緒
- ジョ　削除・徐行・叙述
- ショウ　憧憬・警鐘
- ショウ　紹介・昭和・招待
- ズイ　随筆・骨髄
- ジョウ　土壌・令嬢・謙譲
- セン　実践・金銭
- ゼン　食膳・修繕
- ソ　祖先・租税・阻止
- ソウ　乾燥・操作
- チュウ　注意・柱状・駐車
- チョウ　嘲笑・干潮
- テキ　適当・敵対・水滴
- テツ　徹底・撤収
- トウ　鉄塔・搭載
- トウ　沸騰・謄本
- バイ　二倍・栽培・陪審員
- ヒョウ　評価・漂流・目標
- ヘイ　弊害・貨幣
- ボ　応募・墓石・思慕
- ホウ　抱負・泡まつ・同胞
- ボウ　坊主・妨害・防御・脂肪・紡績
- リョウ　同僚・治療・入寮
- レン　練習・鍛錬

同音異義語

- タイショウ　対照的な意見。
  左右対称の建物。
  中学生を対象とした調査。
- ソウゾウ　将来を想像した絵画。
  新しい銅像を創造する。

同訓異字

- きく　話をよく聞く。
  薬がよく効く。
  利き手は右だ。
- あつい　お風呂が熱い。
  ぶ厚い本。
  夏の暑い一日。

問題演習

よくでる

1 次のそれぞれの文について、下線部の語句を漢字になおしなさい。

(1) 新しい本を弟にカした。〈北海道〉〔　　〕
(2) 強敵にイサましく立ち向かう。〈北海道〉〔　　〕
(3) 安全第一が作業のテッソクだ。〈青森県〉〔　　〕
(4) 船がキテキを鳴らす。〈青森県〉〔　　〕
(5) 子どもをヒキいて見学に行く。〈青森県〉〔　　〕
(6) 決定を他の人にユダねる。〈青森県〉〔　　〕
(7) サムい冬が過ぎて暖かい春が来る。〈宮城県〉〔　　〕
(8) 学習発表会でゲキを上演する。〈宮城県〉〔　　〕
(9) 卒業の思い出にショクジュする。〈宮城県〉〔　　〕
(10) 先人の言葉を心にキザむ。〈福島県〉〔　　〕
(11) 月の光が木をテらす。〈福島県〉〔　　〕
(12) ジュンジョよく一列に並ぶ。〈福島県〉〔　　〕
(13) 家具のハイチを考える。〈福島県〉〔　　〕
(14) 海でオヨぐ。〈栃木県〉〔　　〕
(15) うさぎをシイクする。〈栃木県〉〔　　〕
(16) 手紙がトドく。〈栃木県〉〔　　〕
(17) 会場のケイビをする。〈栃木県〉〔　　〕
(18) フクザツな思考。〈栃木県〉〔　　〕
(19) 荒れた土地をタガヤす。〈群馬県〉〔　　〕
(20) 多くの人の力で町がサカえる。〈群馬県〉〔　　〕
(21) 時間をタンシュクする。〈群馬県〉〔　　〕
(22) ここは有名なボウエキ港だ。〈群馬県〉〔　　〕
(23) 幼い頃にくらした街に行く。〈新潟県〉〔　　〕
(24) 重要な役割をハたす。〈新潟県〉〔　　〕
(25) 空がアツい雲に覆われた。〈新潟県〉〔　　〕
(26) 家と学校をオウフクする。〈新潟県〉〔　　〕
(27) 計画をスイシンする。〈新潟県〉〔　　〕
(28) 人工エイセイを打ち上げる。〈新潟県〉〔　　〕
(29) 係の人に荷物をアズける。〈富山県〉〔　　〕
(30) 話題をテイキョウする。〈富山県〉〔　　〕
(31) 講師の先生にシャジを述べる。〈富山県〉〔　　〕
(32) 小説の構想をネる。〈石川県〉〔　　〕
(33) 列車がケイテキを鳴らす。〈石川県〉〔　　〕
(34) 時計のハリ。〈宮城県〉〔　　〕
(35) 食後に食器をアラう。〈岐阜県〉〔　　〕
(36) 紅茶にサトウを入れる。〈岐阜県〉〔　　〕
(37) バスのウンチンを払う。〈岐阜県〉〔　　〕
(38) 富士山にトウチョウする。〈岐阜県〉〔　　〕
(39) 趣味に時間をツイやす。〈岐阜県〉〔　　〕
(40) 日の光をアびる。〈三重県〉〔　　〕

(41) 無駄をハブく。〈三重県〉
(42) 材料をジュンビする。〈三重県〉
(43) 食糧をチョゾウする。〈三重県〉
(44) さむさで体がヒえる。〈滋賀県〉
(45) 絵をテンラン会に出品する。〈滋賀県〉
(46) 川のミナモトを探して歩く。〈大阪府〉
(47) ソナえあればうれいなし。〈大阪府〉
(48) 人のオウライが絶えない。〈大阪府〉
(49) 彼のセンモン分野は文学だ。〈大阪府〉
(50) クロウして仕上げる。〈和歌山県〉
(51) カガミに姿が映る。〈和歌山県〉
(52) 食料品店をイトナむ。〈和歌山県〉
(53) キュウキュウ車を呼ぶ。〈和歌山県〉
(54) 三か国語をアヤツる。〈島根県〉
(55) 正しい意見にナットクする。〈島根県〉
(56) 駐車料金の自動セイサン機。〈島根県〉
(57) 自宅のニワに花をうえる。〈山口県〉
(58) ソウコに道具を片づける。〈山口県〉
(59) 贈り物を紙で丁寧にホウソウする。〈宮城県〉
(60) 的をイた質問だ。〈徳島県〉
(61) 原因をスイソクする。〈徳島県〉
(62) 優勝コウホのチームと対戦する。〈徳島県〉
(63) 新しい説をテイショウする。〈愛媛県〉
(64) 努力をトロウに終わらせない。〈愛媛県〉
(65) 皿にフルーツをモる。〈愛媛県〉
(66) 柱で屋根をササえる。〈愛媛県〉
(67) 人波にサカらって歩く。〈高知県〉
(68) 性格がよくニた友人。〈鹿児島県〉
(69) 作品をヒヒョウする。〈鹿児島県〉
(70) 会場が多くの人でコンザツする。〈鹿児島県〉
(71) 麦わらをアんで作った帽子。〈千葉県〉
(72) 一歩シリゾいて道をあける。〈千葉県〉
(73) 業務にシショウをきたす。〈千葉県〉
(74) ハチクの勢いで連勝する。〈福井県〉
(75) 各国をレキホウする。〈福井県〉
(76) 時間にセイヤクされずに活動する。〈山梨県〉
(77) 着物の丈をチヂめる。〈山梨県〉
(78) ガリレオは地動説をトナえた。〈新潟県〉
(79) キゲキ映画を鑑賞する。〈青森県〉
(80) ニガワラいを浮かべる。〈青森県〉
(81) フシをつけて歌う。〈大阪府〉

3 部首・画数・筆順

栄光の視点

この単元を最速で伸ばすオキテ

- 漢字の部首は、意味も含めて覚えておくことが大切。
- 画数は、一画で書くもの、二画で書くものを正確に覚えること。また、漢字の書き方には、行書、楷書などがある。これらの書き方の漢字の画数にも注意する。

覚えておくべきポイント

漢字の部首

- へん…左の部分
  - にんべん(人の状態・性質)　例 似、位
  - さんずい(水に関わる)　例 浅、泣
  - りっしんべん(心情・心の働き)　例 情、慣
  - ころもへん(衣類の種類・状態)　例 補、被、袖
  - しめすへん(祭りに関わる)　例 社、祖、祈
  - こざとへん(こざと)(土地に関わる)　例 隔、陰、隅
- つくり…右の部分
  - のぶん(ぼくづくり)(打つ。強制する)　例 攻、敗
  - おおがい(人の頭や顔に関わる)　例 顔、頻、額
  - りっとう(刀に関わる)　例 到、削、剣
- かんむり…上の部分
  - うかんむり(家に関わる)　例 寝、宿、寂
  - あめかんむり(天候に関わる)　例 雪、雷、霧
- あし…下の部分
  - さら(平たい皿をもとにしている)　例 盛、益、盆
  - れんが(れっか)(火に関わる)　例 然、煮、無
- かまえ…外側を囲む部分
  - くにがまえ(囲み。囲む)　例 囲、国、団
  - もんがまえ(入り口に関わる)　例 門、間、闘
- たれ…上と左を囲む部分
  - まだれ(建物に関わる)　例 店、廃、床

間違いやすい画数

- 乙　○一画　×二画　・了　×一画　○二画
- 阝　×二画　○三画　・水　×三画　○四画
- 医　○七画　×八画　・逃　○九画　×十画

間違いやすい筆順

- 世　一　十　卄　廿　世
- 甘　一　十　卄　廿　甘

行書と楷書の画数

- 行　行書…四画　楷書…六画
- 道　行書…九画　楷書…十二画

先輩たちのドボン

まちがいやすい部首名

- 問　×もんがまえ　○くち
- 聞　×もんがまえ　○みみ

要点

☑行書と楷書

・行書の形が似ているもの

扌(てへん)――木(きへん)

・行書と楷書の形が異なるもの

行書 艹(丶丷艹)　楷書 艹(一十艹)

・行書と楷書の画数が異なるもの

(行書と楷書の書き順の違いにも注意)

禾 4画　禾 5画

☑漢字の部首

・へん

にすい　例 准、冷、凍

おんなへん　例 好、婚、姫

はばへん(きんへん)　例 帳、帆、幅

けものへん　例 独、犯、狂

つきへん　例 服、朕

にくづき　例 腸、脈、胸

めへん(め)　例 眠、睡、冒

のぎへん(のぎ)　例 秋、稲、租

うおへん　例 鮮、鯨　＊「漁」は「さんずい」

すきへん(らいすき)　例 耕、耗

かいへん　例 貯、財、贈

・つくり

ふしづくり　例 却、即、卸

おおざと　例 都、部、郡
＊「こざとへん」とは異なることに注意。

ふるとり　例 難、雄、雑

あくび(かける)　例 歌、次、欲
＊「次」は「にすい」ではない。

・かんむり

おいかんむり　例 者、老、考
＊「孝」は「こ」

くさかんむり　例 花、草、茎
＊「墓」は「つち」、「幕」は「はば」

はつがしら　例 発、登

あなかんむり　例 空、究、突

・あし

したごころ　例 慕、恭
＊「悲」、「忍」は「こころ」

・かまえ

つつみがまえ　例 包、匂、勾
＊「句」は「くち」、「旬」は「ひ」

はこがまえ　例 匠
＊「巨」は「ぼう(たてぼう)」

・たれ

がんだれ　例 厚、原、厘　＊「歴」は「とめる」

やまいだれ　例 病、痛、疲

問題演習

1

よくでる

次のア～エの行書で書かれた漢字のうち、楷書で書いた場合の総画数が、「掘」を楷書で書いた場合の総画数と同じになるものを一つ選びなさい。〈岩手県〉

ア 港
イ 都
ウ 烈
エ 話

［　　］

2

次の文字は、「絡」を行書で書いたものである。この文字の〇で囲んだ①と②の部分に表れている行書の特徴の組み合わせとして、正しいものを、あとのア～エから一つ選びなさい。〈茨城県〉

絡

ア ①筆順の変化　②左払いからの連続
イ ①点画の省略　②右払いの方向の変化
ウ ①縦画からの連続　②筆順の変化
エ ①右払いの方向の変化　②点画の省略

［　　］

3

次の漢字は、行書で書いたものです。この漢字の〇で囲まれた部分には行書のどのような特徴がみられますか。その特徴として正しいものを、あとのア～オから二つ選びなさい。〈群馬県〉

草

ア 楷書とは違う筆順になっている。
イ 楷書ではねる部分を止めている。
ウ 楷書に比べて点画が連続している。
エ 楷書に比べて点画が省略されている。
オ 楷書で左に払う部分を横画に変えている。

［　　］

4

「間」の文字を次のように行書で書くとき、行書の特徴の一つである点画の省略がみられます。このように点画を省略している行書の漢字として、正しいものを、あとのア～エから一つ選びなさい。〈千葉県〉

間

ア 巨
イ 光
ウ 夏
エ 校

［　　］

5

「深」は、総画数が十一画の漢字である。次のア〜エの行書で書かれた漢字をそれぞれ楷書で書いた場合、総画数が「深」と同じ十一画になるものを一つ選びなさい。〈三重県〉

ア 記
イ 烈
ウ 兼
エ 習

〔　　〕

6

次の行書で書かれた漢字を楷書で書くとき、総画数が同じ漢字を、あとのア〜エから一つ選びなさい。〈高知県〉

誠

ア 糖
イ 慈
ウ 紹
エ 極

〔　　〕

7

「開発」の「開」を楷書で書いた場合の総画数と、次のア〜エの行書の漢字を楷書で書いた場合の総画数が同じものを一つ選びなさい。〈福岡県〉

ア 翌
イ 暖
ウ 勤
エ 種

〔　　〕

8

次に書かれた行書の特徴を説明したものとして正しいものを、あとのア〜エから一つ選びなさい。〈鹿児島県〉

風

ア 筆脈を意識し点画の一部を連続させて書いている。
イ 点画の一部を省略し筆順を変化させて書いている。
ウ 全ての点画の筆の運びを直線的にして書いている。
エ 全ての点画を筆圧が一定になるように書いている。

〔　　〕

9

「閉」の部首と同じ部首を含む漢字を、次のア〜エから一つ選びなさい。〈茨城県〉

ア 同
イ 関
ウ 両
エ 円

〔　　〕

4 ことわざ・慣用句

栄光の視点

この単元を最速で伸ばすオキテ

- ことわざには教訓が含まれていることが多い。似ている意味や反対の意味のことわざをまとめることが大切。
- 慣用句は、いくつかの言葉を組み合わせることで、ある意味を表している。体の一部や動物の名前を含むものが多いので、意味と使い方を正確に覚えることが大切。

覚えておくべきポイント

ことわざの意味とその使い方

●百聞は一見に如かず

（意味）何度も説明を聞くよりも、自分の目で見ることのほうが確実だということ。

例 象の大きさは、本で見るより百聞は一見に如かずだ。

●急がば回れ

（意味）遠回りでも安全な道を行くことが確実だということ。

例 急がば回れで地道なやり方を貫こう。

●帯に短したすきに長し

（意味）中途半端なため役に立たないこと。

例 この布は、帯に短したすきに長しだ。

●どんぐりの背比べ

（意味）大差がないこと。

例 彼らは歌の上手(うま)さを競ったが、どんぐりの背比べだった。

慣用句の意味とその使い方

●お茶を濁す

（意味）ごまかすこと。

例 テストの点数を聞かれたが、お茶を濁して済ませた。

●顔を立てる

（意味）面目が保たれるようにすること。

例 兄の顔を立てて、言いつけを守った。

●鼻であしらう

（意味）取り合わずに冷たい態度をとること。

例 頼みごとを鼻であしらわれた。

●歯に衣(きぬ)着せぬ

（意味）遠慮なくはっきりと言うこと。

例 彼は歯に衣着せぬ言い方をする。

先輩たちのドボン

誤った使い方

●気が置けない

（意味）気を遣ったりせずに楽な気持ちで付き合える。

例 ○彼とは幼なじみで気が置けない仲だ。
×彼は何を考えているかわからないので、なかなか気が置けない。

要点

☑意味が似ていることわざ

- 猿も木から落ちる・弘法(こうぼう)も筆の誤り・河童(かっぱ)の川流れ
  （意味）達人でも誤ることがある。
- 石の上にも三年・待てば海路の日和あり
  （意味）じっと待っていれば、よい機会に恵まれる。
- 猫に小判・豚に真珠
  （意味）持ち主によっては、価値が意味をもたないこと。
- 紺屋の白袴(しらばかま)・医者の不養生
  （意味）他人のことをかまってばかりいて、自分のことが疎(おろそ)かになること。
- 二兎(にと)を追う者は一兎をも得ず・あぶはちとらず
  （意味）欲張ったために結局何も得ることができないこと。
- 糠(ぬか)に釘(くぎ)・豆腐に鎹(かすがい)・のれんに腕押し
  （意味）手応えがなく、効果がないこと。
- 念には念を入れよ・石橋をたたいて渡る
  （意味）用心に用心を重ねること。

☑意味が反対のことわざ

- 下手の横好き
  （意味）下手にもかかわらず、そのことを好むこと。
- 好きこそものの上手なれ
  （意味）好きなことは熱心に行うので、上手になるということ。
- 渡る世間に鬼はない
  （意味）世の中には情け深い人もいるということ。
- 人を見たら泥棒と思え
  （意味）軽々と人を信用してはいけないということ。
- 立つ鳥跡を濁さず
  （意味）立ち去るときは後始末をきちんとするべきということ。
- 後は野となれ山となれ
  （意味）当面のことが終われば、後のことはどうでもよいということ。

☑人の体の名前を含む慣用句

- 足
  あげ足をとる（相手の言葉尻を捉えて皮肉ること）
  足が出る（予算以上に費用がかかること）
  足を洗う（よくない仲間や仕事から抜けること）
- 顔
  顔が広い（知り合いが多いこと）
  顔から火が出る（恥ずかしくて顔が赤くなること）
  顔がきく（相手に無理が通ること）
  顔に泥をぬる（相手に恥をかかせること）
- 首
  首をつっこむ（興味をもって深入りすること）
  首を長くする（待っている時間が長いこと）
  首をひねる（疑問をもつこと）
- 口
  口車に乗る（うまい言葉にだまされること）
  口火を切る（最初に始めること）
  口がすべる（うっかり話してしまうこと）

問題演習

1 よくでる

「勝ち目はない」と近い意味のことわざとして正しいものを、次のア～エから一つ選びなさい。〈青森県〉

ア　悪事千里を走る
イ　多勢に無勢
ウ　出る杭（くい）は打たれる
エ　弘法（こうぼう）も筆の誤り

〔　　〕

2

次の文の□に入れることばとして正しいものを、あとのア～エから一つ選びなさい。〈大阪府〉

友人が転校するという、藪（やぶ）から□の話に驚いた。

ア　声　イ　蛇　ウ　棒　エ　水

〔　　〕

3

次の慣用句・ことわざのうち、（　　）に入る言葉が、他の三つと異なるものを、ア～エから一つ選びなさい。なお、【　】の中の説明は、それぞれの慣用句・ことわざの意味を表します。〈鳥取県〉

ア　（　　）も杓子（しゃくし）も【何もかも。誰も彼も。】
イ　（　　）がいい【自分のことだけ考えてずうずうしいこと。】
ウ　（　　）に小判（こばん）【価値あるものを与えても、何の反応も効果もないこと。】
エ　（　　）の額（ひたい）【面積が非常に狭いこと。】

〔　　〕

4

「□を食いしばって」が「必死にこらえる」という意味の慣用表現になるように、□にあてはまる漢字一字を書きなさい。〈長崎県〉

〔　　〕

5

次の（　　）にあてはまる言葉として、正しいものを、あとのア～エから一つ選びなさい。〈鳥取県〉

「（　　）」というように、海岸から眺めた実際の景色は、観光用パンフレットの説明からは想像もつかないほど雄大ですばらしいものだった。

ア 一を聞いて十を知る
イ ちりも積もれば山となる
ウ 待てば海路の日和あり
エ 百聞は一見にしかず

〔　　〕

6

「□を折る」について、「苦労する・力を尽くす」という意味の慣用表現になるように□にあてはまる漢字一字を書きなさい。〈長崎県〉

〔　　〕

7

次の文の（　）にあてはまる言葉として、正しいものを、あとのア〜エから一つ選びなさい。〈鳥取県〉

> たいしたことはないだろうと高(たか)を（　）。

ア のぞむ　　イ くくる
ウ つみあげる　　エ わらう

〔　　〕

8

次のア〜エのうち、――線部のことわざや慣用句が正しく用いられて、文の意味が成り立っているものを一つ選びなさい。〈高知県〉

ア 会議は暗礁に乗り上げ滞りなく進行していった。
イ あなたが大会で優勝できたのは身から出たさびで、努力が報われましたね。
ウ 前回歯が立たなかった相手に、練習のかいがあって今日は勝てた。
エ 彼は毎年お年玉を大切に残していて、猫に小判と目標額に届くのを楽しみにしている。

〔　　〕

9

次の――線部の表現のうち、正しいものをア〜エから一つ選びなさい。〈兵庫県〉

ア 石にしがみついてでも、県大会での初優勝を成し遂げてみせる。
イ 自分に都合よく事を運ぼうとしても、そうは問屋が許さない。
ウ 門限に間に合わなかった理由を問われると、弟は言葉を濁した。
エ 新聞報道により、長年隠されてきた事実が明るみになった。

〔　　〕

5 語句の意味

栄光の視点

この単元を最速で伸ばすオキテ

- 一つの語句に複数の意味がある多義語は、文章中の語句の前後から意味を推察することが大切。類義語と対義語はそれぞれセットで覚えておくこと。
- 日頃から、新聞や本で難しい和語を見つけたときに、辞書で意味を調べることも大切。

覚えておくべきポイント

多義語

●やわらかい（対義語は「かたい」）
やわらかい布（物の性質）
考え方がやわらかい（状況に応じる能力）
やわらかい物腰で応対する。（穏やかな様子）
やわらかな文章を書く。（しなやかな様子）

●明るい（対義語は「暗い」）
明るい部屋（光がさし物がよく見える状態）
明るい絵（鮮やかな色）
明るい未来（見通しが楽観できる様子）
明るい声（晴れやかで陽気な性質）
明るい政治（やましさや隠しごとがない状態）
昆虫に明るい（あることに詳しい様子）

対義語

具体⇔抽象　模倣⇔創造　理論⇔実践
倹約⇔浪費　質素⇔華美　当番⇔非番

類義語

実態―実情　出版―刊行　進歩―向上

難しい和語

●いざなう
（意味）誘うこと。勧めて連れ出すこと。
例 春風にいざなわれて散歩に出かける。

●おっくう
（意味）気が進まず、面倒なこと。
例 おっくうだったが、出席したら楽しいイベントだった。

難しい漢語を含む表現

●失笑する
（意味）笑ってはいけない場面で、こらえきれずに笑うこと。
例 場違いな発言に思わず失笑する。

先輩たちのドボン

使い方を間違いやすい語句

●役不足
（意味）その人の力量には、役割が軽すぎること。
例 ○彼が補助的な係では役不足だ。
×私には役不足ですが引き受けます。

要点

☑難しい語句

●さしずめ
（意味）将来的にはわからないがとりあえず、ということ。
例 さしずめこの場所で待つことにしよう。

●いわれのない
（意味）理由がないこと。 例 いわれのない非難を浴びる。

●やっきになる
（意味）むきになること。 例 やっきになって反対する。

●いぶかしい
（意味）不審に思う様子、疑わしく思う様子。
例 さきほどの兄の態度はいぶかしい。

●綿々と
（意味）絶えることなく、いつまでも続く様子。
例 綿々と証拠を並べたてる。

●おもむろに
（意味）動作の始まりがゆっくりしている様子。
×動作が急であったり、突然であったりする様子。
例 おもむろに後ろを振り返り発言した。

●遭遇（そうぐう）する
（意味）好ましくない状況に、思いがけずに出くわすこと。
例 悪天候に遭遇する。

●普遍
（意味）すべてのものに共通すること。
例 生命の尊さは生き物にとって普遍である。

●相対
（意味）向き合い対立すること。他との関係による存在。
例 絶対評価ではなく相対評価をする。

●果断
（意味）思い切って行うこと。
例 彼の果断な行動で皆が救われた。

●猖獗（しょうけつ）を極める
（意味）悪いものの勢いが盛んな様子。
例 病気が猖獗を極める。

●しゅくしゅくと
（意味）静かな様子。厳かな様子。
例 式はしゅくしゅくと行われた。

●おめおめと
（意味）恥ずかしいことを平気で受け入れること。
例 おめおめとは引き下がれない。

●とつとつと
（意味）口ごもりながらつかえつかえ話す様子。
例 静かな教室で先生はとつとつと話を続けた。

問題演習

1 「たたみかけた」は、どのような意味を表しているか。正しいものを、次の**ア**〜**エ**から一つ選びなさい。〈秋田県〉

ア 相手の顔をみつめること
イ 不意をついて驚かせること
ウ 知らないふりをすること
エ 続けざまに働きかけること

〔　　〕

2 「わかりかねる」の意味を書きなさい。〈富山県〉

〔　　〕

3 次の文の（　　）にあてはまる言葉として正しいものを、あとの**ア**〜**エ**から一つずつ選びなさい。〈滋賀県〉

(1) 彼がこの本に興味をもったのは、（　　）友人の影響だろう。

ア とっくに　**イ** もしも
ウ おそらく　**エ** なくなく

〔　　〕

(2) 今度の音楽会に人がどれだけ集まるのか、（　　）がつかない。

ア 勝負　**イ** 見当
ウ 条件　**エ** 白黒

〔　　〕

よくでる

4 (1)〜(3)の意味として正しいものを、**ア**〜**エ**からそれぞれ一つ選びなさい。〈兵庫県〉

(1) 方便

ア 都合よく利用する手段
イ いい加減で無責任な提案
ウ 丁寧に書かれた手紙
エ 人をおとしいれる論法

〔　　〕

(2) 本意

ア 以前から持っていた願い
イ 家族を思いやった意見
ウ 固く誓った心
エ うそいつわりのない気持ち

〔　　〕

(3) 今生

ア これまで生きてきた日々
イ この世で生きている間
ウ 今の一瞬
エ これからの生き方

〔　　〕

5

国語辞典で「立つ」という語を調べると、次のように、さまざまな意味があることがわかります。[a]、[b]に入る用例として正しいものを、あとのア～エから一つずつ選びなさい。〈和歌山県〉

> た・つ【立つ】〈自五〉
> ①足を伸ばしてからだを縦に支える。「通路に立つ」②場所を離れる。「郷里を立つ」③事物が新たに設けられる。「[a]」④人に知れわたる。「うわさが立つ」⑤自然界の現象・作用がめだって現れる。起こる。生じる。「霞(かすみ)が立つ」⑥感情が激する。たかぶる。「腹が立つ」⑦技能などがいちだんとすぐれる。すぐれた性能が発揮される。「筆が立つ」「[b]」…

ア　弁が立つ　　イ　波が立つ
ウ　気が立つ　　エ　市が立つ

a〔　　〕　b〔　　〕

6

「心もとない」の意味として正しいものを、ア～エから一つ選びなさい。〈愛媛県〉

ア　かたくなで強引な
イ　分別がなく軽率な
ウ　頼りなくて不安な
エ　思慮深くて慎重な

〔　　〕

7

よくでる

「のっぴきならない」が使用されている例文として正しいものを、ア～エから一つ選びなさい。〈富山県〉

ア　彼は、のっぴきならない立場に追い込まれた。
イ　今日は、のっぴきならない好天になりそうだ。
ウ　彼女は、のっぴきならない花束を買ってきた。
エ　犬は、のっぴきならない速度で走っていった。

〔　　〕

8

次の言葉の意味として正しいものを、ア～エからそれぞれ一つずつ選びなさい。〈兵庫県〉

(1)　汎用

ア　日常の場面で用いる
イ　限られた範囲に用いる
ウ　いろいろな方面に用いる
エ　決まった方法で用いる

〔　　〕

(2)　大局的な

ア　客観的な視点による
イ　全体の状況をふまえた
ウ　当面の情勢にあわせた
エ　誰もが納得する

〔　　〕

6 四字熟語・故事成語

栄光の視点

この単元を最速で伸ばすオキテ

- 四字熟語は、読みと書きの両方を正確に覚えることが大切。間違えやすいものが多いので正確に書いて覚えること。
- 故事成語は、昔中国であったこと（故事）がもとになってできた言葉なので、故事についても理解しておくことが大事。

覚えておくべきポイント

四字熟語

● 他力本願
（意味）他人の力をあてにすること。
例 他力本願でなんとかしようとしても無駄だ。

● 意気消沈
（意味）元気をなくして、沈み込むこと。
例 飼い猫が行方不明になり意気消沈する。

特別な読み方の四字熟語

● 一期一会　○いちごいちえ　×いっきいっかい
（意味）一生に一度しかないこと。例 一期一会の出会いを大切にする。

● 一日千秋　○いちじつせんしゅう　×いちにちせんしゅう
（意味）一日がとても長く感じられること。待ち遠しいこと。
例 一日千秋の思いで結果を待つ。

間違えやすい四字熟語

● 異口同音　×異句同音
（意味）多くの人が同じ意見を言うこと。
例 異口同音に来週のごみ拾いに賛成した。

● 言語道断　○ごんごどうだん　×げんごどうだん
（意味）言葉では言い表せないほどひどいこと。
例 彼のみんなへのふるまいは言語道断だった。

故事成語

● 五里霧中　×五里夢中
（成り立ち）後漢の時代の人が自分の姿を隠すために五里四方に霧をはった。
（意味）どうすればよいか途方に暮れること。

● 大器晩成　×大器晩生
（成り立ち）大きな器を作るには年月がかかるのと同じように、大きな才能が開花するには時間が必要だということから。
（意味）優れた才能を持つ人は、若い頃には目立たなくとも年齢を重ねてから大成するということ。

先輩たちのドボン

意味を間違えやすい四字熟語

● 小春日和　○初冬の春のように暖かい天気のこと。
×暖かい春の天気のこと。

要点

☑四字熟語

●起死回生（きしかいせい）

（意味）絶望的だと思っていたことが立ち直ること。

例 試合終了近くに起死回生のゴールを決める。

●傍若無人（ぼうじゃくぶじん）

（意味）人前でも勝手きままにふるまうこと。

例 傍若無人な態度にあきれる。

●自画自賛（じがじさん）　×自我自賛

（意味）自分で自分のことをほめること。

例 自画自賛で自分の作品を自慢する。

●三寒四温（さんかんしおん）

（意味）三日ほど寒い日が続いたあと、四日ほど暖かい日が続くこと。

例 三寒四温を繰り返しながら、冬から春になる。

☑故事成語

●隗（かい）より始めよ

（成り立ち）中国の戦国時代に、隗という人が、賢者を求める王に対して、賢者を集めたいならば自分を優遇するように、と進言したことから。

（意味）言い出した人が始めるべきだということ。

●背水の陣（はいすいのじん）

（成り立ち）川を背にして陣を張ることで逃げ場をなくし、味方に決死の覚悟をさせてから敵を攻め、勝利を収めた。

（意味）全力で事にあたること。

●五十歩百歩（ごじっぽひゃっぽ）

（成り立ち）戦場で、五十歩逃げた兵士が百歩逃げた兵士を臆病者と笑ったことに対して、逃げたことに変わりはないということ。

（意味）大差がないこと。

●覆水盆（ふくすいぼん）に返らず

（成り立ち）太公望（たいこうぼう）から去っていった妻が、太公望の成功を聞き戻ってきたことに対し、盆からこぼれた水はもとに戻らないと言ったということ。

（意味）一度してしまったことはもとには戻らない。

●和して同ぜず

（成り立ち）論語にある「君子は和して同ぜず、小人は同じて和せず」から。

（意味）他人と協調しながらも、道理に合わないことには同調しないこと。

●呉越同舟（ごえつどうしゅう）

（成り立ち）天候が悪い中、ふだんは仲が良くない呉（ご）と越（えつ）の兵士が同じ船に乗り合わせ、協力したこと。

（意味）敵対する者同士が同じ困難には協調すること。

問題演習

1 次の各文中の――線をつけた四字熟語の中で、使い方が**正しくないもの**を、**ア**～**オ**から一つ選びなさい。〈福島県・改〉

ア 美辞麗句を並べただけでは、人の心には響かない。
イ 話を最後まで聞けず、一部始終の理解にとどまった。
ウ どの提案も大同小異であり、よい解決策は出なかった。
エ 両チームとも互いに譲らず、一進一退の攻防が続いた。
オ 友人の助言を参考に、起承転結を意識しながら書き直した。

〔　　〕

2 「お互いの考えや気持ちが一致して、打ち解ける」を簡潔に表すために、四字熟語を使った表現として正しいものを、次の**ア**～**エ**から一つ選びなさい。〈静岡県・改〉

ア 試行錯誤する
イ 有言実行する
ウ 意気投合する
エ 一刀両断する

〔　　〕

3 次は、香さんが、国語の授業で「他山の石」という故事成語を紹介するために書いたカードです。香さんはカードを読み返し、この用例では「他山の石」の適切な使い方が相手に伝わらないと思い、――部を、具体的な例を用いて書き直すことにしました。

適切な使い方がわかる具体的な用例となるように、――部を書き直しなさい。〈山形県〉

> **【他山の石】**（たざんのいし）
>
> 由来 『詩経(しきょう)』の「他山の石、以(もっ)て玉を攻(おさ)むべし」より。質の悪い石でも玉を磨くのに役立つということから。
>
> 意味 他人の誤った言行も自分の行いの参考となること。
>
> 用例 そのことを、私は他山の石としよう。

〔　　〕

PART 2

文法

1 文・文節・単語

栄光の視点

この単元を最速で伸ばすオキテ

- 文・文節・単語とは何か、それぞれがどのような部分のことなのかを理解して、文・文節・単語に区切る力を身につけること。
- 文・文節・単語・文節どうしの関係には、それぞれどのような種類があるのかを理解して分類できるようにしておくこと。

覚えておくべきポイント

文とは、句点で区切られた一まとまりの言葉

小説・随筆・論説文などの散文の場合は、文の終わりに通常、句点（。）が用いられるので、句点の数＝文の数である。

文節とは、言葉の意味がわかるように区切られた部分

文節の区切り目に「ね」や「さ」を補ってみて、不自然にならないかで確かめられる。また、自立語の直前で区切るのも有効。文節には必ず一つの自立語があるので、自立語の数＝文節の数である。

単語は言葉の最小単位

文節に区切ってから単語に分ける。文節に含まれる付属語（助詞・助動詞）が把握できなければ単語には区切れない。

例 「い（動詞）・なかっ（助動詞）・た（助動詞）・でしょ（助動詞）・う（助動詞）・か（終助詞）。」

「い」は動詞「いる」の未然形。「なかっ」は助動詞「ない」の連用形。「でしょ」は助動詞「です」の未然形。

まず、文中の述語を見つける

主語・述語の関係は、まず述語から見つけ、その述語に対応する主語をたどる。主語が書かれていない文もある。

文節どうしの関係は補助が頻出

形式動詞や形式形容詞からなる補助の文節は、直前の文節の意味を補うだけの意味しかないので、漢字は用いない。

先輩たちのドボン

補助の文節を見落として文節に区切らない

補助の関係の文節は、切りはなすと意味が不自然になるが、補助動詞などの補助語も自立語なので文節には区切れる。

例 ×「よく／寝ている。」→○「よく／寝て／いる。」
×「早く／来てほしい。」→○「早く／来て／ほしい。」

形式名詞を助詞と間違えて文節に区切らない

例 ×「言うとおりだ。」→○「言う／とおりだ。」

長めの付属語の前で文節に区切ってしまう

例 ×「来る／そうです。」→○「来るそうです。」
×「来た／ばかりだ。」→○「来たばかりだ。」

複合語を単語に区切ってしまう

複合動詞などの複合語は一単語である。

例 ×「さがし・まわる。」→○「さがしまわる」

要点

☑言葉の単位

- 文章・段落・文・文節・単語

文は形態によって、単文・重文・複文に分けられる。

文節は文の成分として、次の五種類に分けられる。

主語・述語・修飾語・接続語・独立語

☑文節どうしの関係

- 文節どうしの関係は次の六種類に分けられる。

①主語・述語の関係

述語の型によって三種類に分類される。

「何が—どうする。」「何が—どんなだ。」「何が—何だ。」

②修飾・被修飾の関係

修飾語は大きく二種類に分けられる。

- 連用修飾語……用言を修飾　「ゆっくり歩く」
- 連体修飾語……体言を修飾　「大きな犬」

③接続の関係　接続語になるのは接続詞か接続助詞

④独立の関係　独立語になるのは感動詞

⑤並立の関係　前後を入れ替えても意味が変わらない

⑥補助の関係　補助の文節は通常仮名書きする

並立と補助の関係は常に連文節となる。

複数の文節が連文節となって、主部・述部・修飾部・接続部・独立部として文の成分となる場合がある。

☑単語の種類

- 十種類の品詞に分類される。

				品詞
自立語	活用する（用言）	いい切りがウ段		動詞
		「〜い」		形容詞
		「〜だ・です」		形容動詞
	活用しない	主語になる（体言）		名詞
		修飾語になる	連用修飾	副詞
			連体修飾	連体詞
		接続語になる		接続詞
		独立語になる		感動詞
付属語	活用する			助動詞
	活用しない			助詞

☑注意すべき単語

- 転成名詞　「動きが悪い。」「近くで待つ。」

用言の連用形と同じ形だが、主語になるのは名詞。

- 形式名詞　「来たところだ。」「わかるはずです。」
- 形式動詞（補助動詞）「食べてみる。」「寝ている。」
- 形式形容詞（補助形容詞）「食べたくない。」「来てほしい。」

形式名詞・形式動詞・形式形容詞は通常仮名書きする。

- 複合動詞　「走り回る」「飛び出す」

複合動詞は切りはなすと意味が変わってしまう。

問題演習

1

次の文章は、若草中学校の新聞部の生徒が学校新聞のあるコーナーに掲載するために書いた原稿の下書きです。これを読み、あとの問いに答えなさい。〈千葉県〉

今回お話をうかがったのは、社会科の中村先生です。

中村先生は、わが中学校の「もの知り博士」として知られている方です。先生は、大学時代に世界史を学ばれました。先生はこの頃から読書がお好きで、部屋に①置いてあるものの多くは本だったそうです。ご自分の専門に加え、中国文学に関わる書物も数多く読んでいて、多様な話題を取り入れた授業をしてくださいます。

先生の好きな言葉は、「少年老い易(やす)く学成(な)り難(がた)し、一寸(いっすん)の光陰軽(こういんかろ)んずべからず。」だそうです。若草中学校のみなさんに、「時間の流れは、みんなが思っているほど②遅くない。豊かな人生を送るために、③学校にいる間、いろいろなことに④挑戦してみる姿勢を大事にしてほしい。」とおっしゃっていました。

問　文章中の①～④の四つの——のうち、**二つの文節の関係が他と異なるものが**一つある。その符号を書きなさい。

〔　　〕

2

次の文章を読んで、あとの問いに答えなさい。〈長崎県〉

従って、伝えられたほうは、言葉を単にデジタル情報として、その辞書的な意味だけを読み取るのではなく、デジタル情報の隙間から漏れてしまったはずの相手の思いや感情を、自分の内部に再現する努力をしてはじめてコミュニケーションが成立するのである。

（永田和宏(ながたかずひろ)『知の体力』より）

よくでる

問　——線部「伝えられた」を単語に区切ったものとして正しいものを、次の**ア**～**エ**から一つ選びなさい。

ア　伝え／られた

イ　伝え／ら／れた

ウ　伝え／られ／た

エ　伝えら／れ／た

〔　　〕

3

次の文章を読んで、あとの問いに答えなさい。〈青森県〉

ここで、言語を可能にしている認知・心理的基盤について考えてみたい。

（長谷川眞理子(はせがわまりこ)『ヒトの「はじまり」』より）

問　考えてみたい　とありますが、「考えて」と「みたい」の関係を、次の**ア**～**エ**から一つ選びなさい。

ア　主語・述語の関係　　**イ**　修飾・被修飾の関係

ウ　並立の関係　　**エ**　補助の関係

〔　　〕

4

次の文章を読んで、あとの問いに答えなさい。〈三重県〉

わたしがおそるおそる顔をあげると、みっくんは怖い顔をやめて、あきれたようにわたしのことを見ていた。

（如月（きさらぎ）かずさ『給食アンサンブル』より）

問　傍線部分「あきれたようにわたしのことを見ていた」とありますが、この部分を文節に分けるとどうなりますか、次のア〜エから、正しいものを一つ選びなさい。

ア　あきれたように／わたしのことを／見ていた
イ　あきれたように／わたしの／ことを／見て／いた
ウ　あきれた／ように／わたしの／ことを／見ていた
エ　あきれた／ように／わたしの／ことを／見て／いた

〔　　〕

5

次の文章を読んで、あとの問いに答えなさい。〈兵庫県〉

いつも新聞を貼っているのがはっちなのか、それとも新聞担当の教師なのか他の誰かなのかは知らないが、その誰かが貼るときには椅子か脚立（きゃたつ）に乗って留めたのであろう画鋲（がびょう）に、高杉は背伸びをすれば手が届く。

（壁井（かべい）ユカコ『空への助走』より）

問　二重傍線部にある自立語の数を、数字で書きなさい。

〔　　〕

6

次の文章を読んで、あとの問いに答えなさい。〈佐賀県〉

そんなに都合よく突然変異が生じるなんて、と思われるかもしれませんが、突然変異自体は、実は結構起きています。

（齋藤孝（さいとうたかし）『齋藤孝のざっくり！西洋哲学』より）

問　結構起きています　とありますが、この中から自立語をすべて抜き出して書きなさい。

〔　　〕

7

次の文章を読んで、あとの問いに答えなさい。〈熊本県〉

前途は遠い。そして暗い。しかし恐れてはならぬ。恐れない者の前に道は開ける。

（有島武郎（ありしまたけお）『小さき者へ』より）

問　二重傍線の部分「恐れない者の前に道は開ける」には付属語がいくつありますか。数字で答えなさい。

〔　　〕

2 動詞・形容詞・形容動詞

栄光の視点

この単元を最速で伸ばすオキテ

- 動詞・形容詞・形容動詞（用言）には活用があり、活用を理解するには、五十音図のしくみを理解しなければならない。
- 動詞・形容詞・形容動詞の活用表を暗記すること。

覚えておくべきポイント

- **用言は、いい切りの形の終わりの音で品詞を区別する**

言い切りがウ段の音であれば動詞。
言い切りが「〜い」となるのは形容詞。
言い切りが「〜だ」となるのは形容動詞。

- **動詞の活用は五種類、「来る」は力変、「する」はサ変**

まず、活用の種類が限定される変格活用の動詞をみきわめる。

- **動詞に「ない」をつけて、活用語尾の段で判断する**

ア段になるのは五段活用。イ段になるのは上一段活用。エ段になるのは下一段活用。

- **活用語尾を活用表の順に唱えて覚える**

形容詞・形容動詞の活用は一種類だけである。
形容詞「かろ、かっ・く、い、い、けれ」
形容動詞「だろ、だっ・で・に、だ、な、なら」

- **それぞれの活用形に続く主な語を活用表の順に覚える**

動詞「ない・う（よう）、ます・た・て、—。、とき、ば、—。」
形容詞「う、た・なる、—。、とき、ば」
形容動詞「う、た・ある・なる、—。、とき、ば」

- **活用形が紛らわしいのは連用形である**

・五段活用の動詞が、過去の助動詞「た」などに続くときに、語尾の音が変化するものがある。（音便）
・形容詞・形容動詞の連用形は続く語によって異なる。

- **終止形と連体形は形容動詞に置き換えれば判断できる**

活用語尾が同じで区別がつかない、動詞や形容詞の終止形と連体形は、形容動詞に置き換えれば判断できる場合がある。

先輩たちのドボン

- **動詞以外でも「ない」に続く場合、未然形だと思ってしまう**

「赤くない」の「赤く」は「ない」に続くので、未然形だとするのは間違い。この「ない」は補助形容詞なので、「赤く」は形容詞の連用形である。

- **下に他の語が続くから、終止形ではないと思ってしまう**

助動詞や助詞には終止形に接続する語があるので、覚えておくと活用形を見きわめるのに役立つ。

例 八時に来るらしい。　八時に来るそうだ。　八時に来ると聞いた。

- **可能動詞を五段活用の動詞とまちがえてしまう**

例 英語を話せますか。
×「話せ」は、五段活用「話す」。
→○「話せ」は、下一段活用の「話せる」の連用形。

要点

動詞の活用は、五十音図の各行の中で変わる。

☑活用形と活用の種類

動詞の活用形は六種類、形容詞・形容動詞は命令形がないので五種類。動詞の活用の種類は五種類、形容詞・形容動詞はそれぞれ一種類である。

例えば動詞「書く」は、「書かない」「書きます」「書くこと」「書けば」「書こう」のように、活用語尾がカ行のア段からオ段まですべてに変化するので「カ行五段活用」である。

これに対し、「起きる」はイ段だけなので「カ行上(かみ)一段活用」、「書ける」はエ段だけなので「カ行下(しも)一段活用」である。

また、これ以外に「来る」の「カ行変格活用」（カ変）と「する」の「サ行変格活用」（サ変）がある。

行＼段	ア段	イ段	ウ段	エ段	オ段
ア行	ア	イ	ウ	エ	オ
カ行	カ	キ	ク	ケ	コ
ガ行	ガ	ギ	グ	ゲ	ゴ
サ行	サ	シ	ス	セ	ソ
ザ行	（ザ）	ジ	ズ	ゼ	（ゾ）
タ行	タ	チ	ツ	テ	ト
ダ行	（ダ）	（ヂ）	（ヅ）	デ	（ド）
ナ行	ナ	ニ	ヌ	ネ	ノ
ハ行	（ハ）	（ヒ）	（フ）	ヘ	（ホ）
バ行	バ	ビ	ブ	ベ	ボ
マ行	マ	ミ	ム	メ	モ
ヤ行	（ヤ）	（イ）	（ユ）	（エ）	（ヨ）
ラ行	ラ	リ	ル	レ	ロ
ワ行	ワ	イ	ウ	エ	オ

（　）は、口語の動詞の活用語尾には無い音。

☑音便

五段活用の動詞の連用形が、助動詞「た（だ）」や接続助詞「て（で）」「たり（だり）」などに続くときに音が変化する。

☑音便の種類

イ音便…「い」に変わる。「書きます」→「書いている」
撥(はつ)音便…「ん」に変わる。「読みたい」→「読んだりした」
促音便…「っ」に変わる。「取りました」→「取った」

◉動詞の活用表

種類	例語	語幹	未然形	連用形	終止形	連体形	仮定形	命令形
五段活用	話す	はな	さ・そ	し	す	す	せ	せ
	書く	か	か・こ	き・い	く	く	け	け
	読む	よ	ま・も	み・ん	む	む	め	め
	取る	と	ら・ろ	り・っ	る	る	れ	れ
	なさる	なさ	ら・ろ	り・っ	る	る	れ	い
上一段活用	起きる	お	き	き	きる	きる	きれ	きろ きよ
	見る	○	み	み	みる	みる	みれ	みろ みよ
下一段活用	流れる	あ	れ	れ	れる	れる	れれ	れろ れよ
	書ける	か	け	け	ける	ける	けれ	○
	寝る	○	ね	ね	ねる	ねる	ねれ	ねろ ねよ
カ行変格活用	来る	○	こ	き	くる	くる	くれ	こい
サ行変格活用	する	○	し・せ さ	し	する	する	すれ	しろ せよ
	感ずる	かん	じ・ぜ	じ	ずる	ずる	ずれ	じろ ぜよ
主な接続・用法			ない う よう	ます た て	—。 らしい と	とき こと	ば	—。

◉形容詞の活用表

例語	語幹	未然形	連用形	終止形	連体形	仮定形	命令形
高い	たか	かろ	かっ く	い	い	けれ	○
楽しい	たのし						
主な接続・用法		う	た なる	—。 と	とき こと	ば	

◉形容動詞の活用表

例語	語幹	未然形	連用形	終止形	連体形	仮定形	命令形
変だ	へん	だろ	だっ で に	だ	な	なら	○
豊かだ	ゆたか						
主な接続・用法		う	た ある なる	—。 と	とき こと	ば	

問題演習

1

次の文章を読んで、あとの問いに答えなさい。〈宮城県〉

はい。きっかけは、私が小学生のとき、レストランでスパゲッティを食べたことです。そのとき食べた味に、感動したのを覚えています。それ以来、料理に興味が湧いて、自分でも作るようになりました。

よくでる

問 文中の「食べ」と、――部が同じ活用形のものを、次の**ア**～**エ**から一つ選びなさい。

ア 捨てないで取っておく。
イ コートを着て出かける。
ウ 走ればまだ間に合う。
エ どこかで私を呼ぶ声がする。

〔　　〕

2

次の文章を読んで、あとの問いに答えなさい。〈岐阜県〉

けれども今、自分の目の前にいる学は、まるで子どもだった。雷に怯(おび)えて目を閉じ、耳をふさいでいた、遠い日のように。そうか、嬉しかったのか。俺の言葉が。

（乾(いぬい)ルカ『願いながら、祈りながら』より）

問 雷に怯えて目を閉じ、耳をふさいでいた、遠い日のように の中から形容詞をそのまま抜き出して書きなさい。また、この場合の活用形を書きなさい。

形容詞〔　　〕　活用形〔　　（形）〕

3

次の文の□に当てはまるように、「よい」という形容詞の活用語尾を書きなさい。〈北海道〉

博士は資料を見ながら、どうしたらよ□うと考えていた。

〔　　〕

4

次の文章を読んで、あとの問いに答えなさい。〈茨城県〉

現在の掲示物は、丁寧に説明しようとして、いらない情報まで書きすぎていると思います。

よくでる

問　丁寧に　と同じ品詞のものを、次のア〜エから一つ選びなさい。

ア　彼は貴重な人材だ。　イ　彼らは悲しみにくれている。

ウ　私は困っている人を助けたい。

エ　彼女は明るい性格だ。

〔　　〕

5

次の文章を読んで、あとの問いに答えなさい。〈三重県〉

まだ読んでいない人がいれば、読んだ際の感動を損ねかねないので、詳しい内容を紹介することは避けますが、時間の使い方、時間とのつきあい方を考える上でいろいろと示唆に富む作品です。

（一川誠（いちかわまこと）『「時間の使い方」を科学する』より）

問　傍線部分「避け」は動詞であるが、その活用の種類と活用形の組み合わせを、次のア〜エから一つ選びなさい。

ア　上一段活用—未然形　イ　上一段活用—連用形

ウ　下一段活用—未然形　エ　下一段活用—連用形

〔　　〕

3 敬語

栄光の視点

この単元を最速で伸ばすオキテ

- 敬語表現には、「尊敬語」と「謙譲語」と「丁寧語」の三通りの用法があることを理解する。
- 「尊敬語」か「謙譲語」かを見きわめるには、敬語表現を用いる動作の動作主（主語）を把握すること。

覚えておくべきポイント

- **相手の動作に用いるのが尊敬語**
相手を持ち上げることによって、相手に対する敬意を表す。
- **自分や自分の身内の動作に用いるのが謙譲語**
自分を低くすることによって、相手に対する敬意を表す。
- **尊敬語の動詞、謙譲語の動詞をそれぞれ覚える**
同じ語が、いくつかの意味で使われる場合があるので、前後の状況から意味を捉える。

例 「いらっしゃる」＝「行く」「来る」「居る」

「めしあがる」＝「食べる」「飲む」

「うかがう」＝「聞く」「尋ねる」「行く」「訪ねる」

「いただく」＝「もらう」「食べる」「飲む」
- **敬語表現にできる表現パターンを覚える**
尊敬語「お（ご）～になる（なさる）」「～れる・られる」
謙譲語「お（ご）～する（いたす）」「拝～する（いたす）」
- **なるべく尊敬語の動詞を用いるほうがよい**
例 「食べる」◎「めしあがる」 ○「お食べになる」
△「食べられる」可能や受け身と紛らわしい
- **謙譲語として「…させていただく」は要注意**
例 ○「私がご一緒させていただきます。」
×「就職させていただきます。」→「就職いたします。」
×「拝見させていただきます。」→「拝見します。」
- **丁寧語は尊敬語と謙譲語のどちらとも合わせて使われる**
丁寧語は助動詞「です」「ます」や接頭語「お」「ご」を用いる表現。聞き手に対する敬語として自分の動作にも用いる。

先輩たちのドボン

- **自分の身内に対して尊敬語を用いる**
例 ×「母が明日学校に伺うとおっしゃっていました。」
- **尊敬語と謙譲語を逆に使う**
例 ×「先生が拝見されたお写真を、私もご覧になれますか。」
尊敬語と謙譲語を間違えていないかを特に注意すること。
- **尊敬語を重ねて使う**
例 ×「おいでになられる。」 ×「お買いになられた。」
尊敬語の動詞などに尊敬の助動詞をつけるのは不適切である。
- **誤った接客用語を使う**
例 ×「お名前を頂戴できますか。」
接客用語には不適切な敬語も含まれているので要注意。

要点

敬語は、話の相手や話題の人に敬意を表す表現で、尊敬語・謙譲語・丁寧語に分けられる。

☑尊敬語

相手や相手の動作を高めることによって敬意を表す表現。

●尊敬語の敬語動詞

「いらっしゃる」（行く・来る・居る）
「お越しになる」（行く・来る）
「召し上がる」（食べる・飲む）
「くださる」（くれる・やる）
「おっしゃる」（言う）
「なさる・あそばす」（する）
「ご覧になる」（見る）

●尊敬の助動詞「れる・られる」

「話される」（話す）「来られる」（来る）

●他の尊敬語の表現「お（ご）～になる（なさる）」

「お聞きになる」（聞く）　×「お見になる」
「ご相談なさる」（相談する）

●尊敬の接頭語・接尾語

「お父上」「お母様」「ご指導」「お言葉」「御社」

☑謙譲語

自分や自分の身内に関することや動作を低くすることによって、相手を高め敬意を表す表現。

●謙譲語の敬語動詞

「参る・伺う」（行く・来る・訪ねる）
「いただく」（食べる・飲む・もらう）
「差し上げる・あげる」（やる）
「申す・申し上げる」（言う）
「いたす・いたします」（する）
「伺う・お伺いする」（尋ねる・聞く）

●他の謙譲語の表現「お（ご）～する（いたす・申し上げる）」

「お聞きする」（聞く）　×「お食べする」
「ご融資いたします」（融資する）
「拝見する」（見る）「拝借する」（借りる）

●謙譲の接頭語・接尾語

「粗品」「拙宅」「弊社」「お相伴」「愚息」「私ども」

☑丁寧語

敬体の助動詞・形容動詞や接頭語を用いて、丁寧に言う表現。
丁寧語は尊敬語や謙譲語と併せても用いられる。

●丁寧語の表現

「行きます」（行く）「弟です」（弟だ）「静かです」（静かだ）

●丁寧の接頭語　＊「美化語」という。

「お茶」「お箸」「ご挨拶」「ごはん」（めし）

問題演習

1

次の会話文を読んで、あとの問いに答えなさい。〈北海道〉

「はじめまして。お忙しいところすみません。私は、〇〇中学校の西島と申します。今、少しだけお時間をもらえますか。」
「ええ、大丈夫ですよ。どのようなご用件ですか。」

問 ――線「もらえますか」を、謙譲語を使って敬意を高める表現に書きかえなさい。

［　　　　］

2

次の会話文を読んで、あとの問いに答えなさい。〈栃木県〉

「Cは以前、先生から（　　　）本で見つけたのですが、どのような内容の漢詩ですか。」

問（　　　）に入る正しい敬語表現を、次の**ア**～**エ**から一つ選びなさい。

ア お借りになられた　**イ** お借りになった
ウ お借りした　**エ** お借りいただいた

［　　　　］

3

次の文章は、若草中学校の新聞部の生徒が学校新聞のあるコーナーに掲載するために書いた原稿の下書きです。これを読み、あとの問いに答えなさい。〈千葉県〉

今回お話をうかがったのは、社会科の中村先生です。
中村先生は、わが中学校の「もの知り博士」として知られている方です。先生は、大学時代に世界史を学ばれました。先生はこの頃から読書がお好きで、部屋に置いてあるものの多くは本だったそうです。ご自分の専門に加え、中国文学に関わる書物も数多く読んでいて、多様な話題を取り入れた授業をしてくださいます。

問 文章中の読んでを適切な尊敬語に直し、一文節で書きなさい。

［　　　　］

4

次の文を読んで、あとの問いに答えなさい。〈静岡県〉

全体の構成を決める際には、先生が助言をしてくれて、まとまっていきました。

問 傍線部の中の「くれて」を、「先生」に対する敬意を表す表現にしたい。「くれて」を敬意を表す表現に言い換え、傍線部を書き直しなさい。

〔　　　　〕

5 次の文章を読んで、あとの問いに答えなさい。〈宮城県〉

【紹介の練習の一部】

生徒アンケートの結果にもあるように、合唱コンクールは、とても楽しいと思える行事です。毎年、地域の方々も大勢いらっしゃって、私たちの発表を拝見します。

よくでる

問 【紹介の練習の一部】の中の「拝見します」を、適切な敬語表現に直しなさい。

〔　　　　〕

6 次の会話文を読んで、あとの問いに答えなさい。〈栃木県〉

「そういえば、先生も俳句を作られるとお聞きしました。今度、先生の作品を（　　　）。」

問 （　　　）に入る正しい敬語表現を、次のア〜エから一つ選びなさい。

ア 見せていただけますか。
イ お見せしてもらえますか。
ウ ご覧になっていいですか。
エ 拝見なさってもいいでしょうか。

〔　　　　〕

7 次の文章は、高校生の松本さんに対して、中学生の島田さんと山内さんが、高校進学に向けての心構えなどについてインタビューしている様子です。これを読み、あとの問いに答えなさい。〈千葉県〉

「高校を選ぶための資料は、担任の先生から、たくさんもらいましたが、やはり自分で足を運び、確かめるのがいいですね。」

問 文章中の もらいました を適切な謙譲語に直して、一文節で書きなさい。

〔　　　　〕

8 次の文の——線部の「申し」は、敬語の「申す」という動詞が活用によって変化した語である。この敬語「申す」はここでの敬語としての使い方が適切ではない。この場面において「申す」を使うことがなぜ適切でないのか。その理由を、「主語」「謙譲語」の二つの言葉を必ず使って、一文で書きなさい。〈高知県〉

> 先生が私たちに「明日は遠足ですね。」と申しました。

〔　　　　〕

4 識別問題

栄光の視点

この単元を最速で伸ばすオキテ

- 品詞の識別をするには、品詞の分類ができること。
- 意味・用法の識別をするには、どのような意味用法があるのかを把握できること。
- 同音語の識別には、文中での使われ方・働きを確認すること。

覚えておくべきポイント

- **文節に分けることで、自立語か付属語かを見きわめる**

単語の分類の基本は品詞分解である。文節に分け、自立語を見きわめ、そこに付属する助詞・助動詞を特定する。

- **紛らわしいものをきちんと分類できるようにする**

品詞や意味・用法の異なる同音の言葉に注意しておく。品詞の一部や、活用語の語尾にも注意すること。

- **分類される種類がどれだけあるかを把握しておく**

すべての分類が選択肢にあるわけではないので、識別する語句がどれだけの種類分けができるのかを把握しておかなければ区別できない場合が出てきてしまう。

- **分類するポイントがどこにあるかを把握しておく**

● 直前の語の品詞や活用形によって分類できる語がある。

例 そうだ　雨が降るそうだ。(連体形→伝聞)　雨が降りそうだ。(連用形→様態)

● 別の語に置き換えることによって分類できる語がある。

例 の　よく気の利く人だ。(「が」に置き換え→主語)
話すのは苦手だ。(「こと」に置き換え→体言と同等)

- **よく使われる語が、よく出題される**

識別問題は、文章中の語句から抜き出して出題される場合が多いので、文章中でよく使われる語句ほど、よく出題される。助動詞と形容詞の「ない」、助動詞「れる・られる」、助詞「の」、助動詞と他の品詞の一部の「だ」「で」「な」など。

先輩たちのドボン

- **「大きい」と「大きな」の違いがわからない**

「大きい」は形容詞、「大きな」は連体詞だが、この形容詞の連体形と連体詞では、意味が全く同じなので、覚えておかないと品詞の区別ができない。

- **形容動詞と名詞＋助動詞「だ」の区別ができない**

「健康だ」「幸福だ」のように、名詞に「だ」のついた形容動詞があるが、この「だ」を断定の助動詞と区別できるか。

例 ×「集合場所は学校だ。」は「学校だろう」「学校ならば」と活用するので形容動詞である。→「学校な場所」のように連体形にはならないから、名詞＋断定の助動詞である。

- **「〜である」と「〜でいる」の「で」の違いがわからない**

例 ×「遊んでいる。」は補助の関係で、「で」は接続助詞「て」だから、「行動である。」の「で」も同じ。→断定の助動詞

要点

☑ **「れる・られる」助動詞の四つの意味で分類する。**

①受け身…人に〜される。「母にしかられる。」
②尊敬…〜なさる。「先生が来られる。」
③可能…〜することができる。「どこでも寝られる。」
④自発…自然にそうなる。「昔のことが思い出される。」

☑ **「ない」文節に区切って、単語に区切れば見分けられる。**

①形容詞…「食べ物がない。」文節の初めにくる自立語。
②補助形容詞…「遠くない」「は」を補える→「遠くはない」
③形容詞の一部…「少ない」「あぶない」「あどけない」
④助動詞…「あまり食べない。」「ぬ」と置き換えられる。

☑ **「だ」助動詞か他の品詞の一部か。**

①断定の助動詞「だ」…「立派な建物だ。」
②助動詞「ようだ」の一部…「まるで宮殿のようだ。」
③助動詞「そうだ」の一部…「見学できるそうだ。」
④助動詞「た」の濁音化…「本を読んだ。」
⑤形容動詞の終止形の活用語尾…「とても立派だ。」

☑ **「で」助動詞か助詞か形容動詞の一部か。**

①断定の助動詞の連用形…「問題である。」「である」＝「だ」
②格助詞…「自分で探す。」「学校で話す。」
③接続助詞「て」の濁音化…「喜んでいた。」
④形容動詞の連用形の活用語尾…「じょうぶで長持ちする。」

☑ **「の」格助詞か、終助詞か、他の品詞の一部か。**

・格助詞「の」は、意味によって次の①〜④に分類される。
①主語…「妹の描いた絵。」「が」と置き換えられる。
②連体修飾語…「妹の絵。」「外国の街並み。」
③体言と同等…「絵を描くのがうまい。」「の」＝「こと」
④並立…「行くの、行かないので迷う。」二箇所以上ある。
⑤終助詞…「どこから来たの。」文末で疑問や反語を示す。
⑥他の品詞の一部…連体詞「その」や接続助詞「のに」など。

☑ **「に」格助詞か、他の品詞の一部か。**

・格助詞「に」は、意味によって次の①〜⑧に分類される。
①時間…「朝の十時に着く。」②場所…「家にいる。」
③動作の対象…「山に登る。」④目的…「遊びに出かける。」
⑤使役の対象…「弟に行かせる。」
⑥受け身の相手…「弟に取られる。」
⑦結果…「医者になる。」⑧原因・理由…「恋に悩む。」
⑨副詞の一部…「すぐに」「すでに」
⑩形容動詞の連用形の活用語尾…「きれいに」「豊かに」
⑪助動詞の連用形の一部…「ように」「そうに」
⑫接続助詞「のに」の一部…「使ってないのに壊れた。」

☑ **「ある」**

①動詞…「試験のある日に学校を休む。」
②補助動詞…「それは大問題である。」
③連体詞…「ある晴れた日のできごと。」

問題演習

1 次の文章を読んで、あとの問いに答えなさい。〈岩手県〉

赤ちゃんは、成長の過程でスプーンやフォーク、お箸の持ち方を学びます。手づかみだと熱いものは食べられないけれど、それらを使えば、ある程度熱いものでも食べられるし、手も汚れなくて済みます。

（汐見稔幸『人生を豊かにする学び方』より）

よくでる

問 二重傍線部　ない　とありますが、次の**ア**～**エ**のうち、文法上、これと同じ働きをしているものを一つ選びなさい。

ア 負担がかからないよう無理をさせない。

イ これまでのやり方が悪いわけではない。

ウ 機会を逃してしまうのはもったいない。

エ 彼の夢がかなう日はそれほど遠くない。

〔　　〕

2 次の文章を読んで、あとの問いに答えなさい。〈福島県〉

われわれはアナログの世界に生きている。1分、2分という区切りに関係なく時間は私のなかを流れているし、空気にもその匂いにも境目はなく、数えることはもちろんできない。

（永田和宏『知の体力』より）

よくでる

問 「できない」の「ない」と同じ意味・用法のものを、次の**ア**～**オ**から一つ選びなさい。

ア 親友と別れるのは切ない。

イ あのチームには弱点がない。

ウ よい考えが頭に浮かばない。

エ 両者の違いはほとんどない。

オ 今年の夏は雨の日が少ない。

〔　　〕

3 次の会話文を読んで、あとの問いに答えなさい。〈栃木県〉

「私は花が好きで、どれも花を詠んでいるものだと思ったからです。」

問 だ　と文法的に同じ意味・用法のものを、次の**ア**～**エ**から一つ選びなさい。

ア 明日は雨が降るそうだ。

イ 朝の商店街は静かだ。

ウ 友人と会話を楽しんだ。

エ これは弟の自転車だ。

〔　　〕

4

次の**例文**中の――線をつけた「で」と同じ意味で用いられている「で」を含む文を、あとの**ア**～**エ**から一つ選びなさい。〈神奈川県〉

例文　本を読んで感想を書く。

ア　上着を脱いで手に持つ。
イ　あまりに立派で驚いた。
ウ　自転車で坂道をくだる。
エ　五分で外出の準備をする。

［　　　］

5

次の文章を読んで、あとの問いに答えなさい。〈福井県〉

「顔には輪郭があって、目が二つあって、口が［ある］」という、頭の中にある表象スキーマ（対象についての一連の知識）、つまり「認知」された「知っているモノ」を描いている。

（齋藤亜矢『上手い、おもしろい』より）

問　［　　］の部分と同じ品詞の「ある」を含む文を、次の**ア**～**エ**から**すべて**選びなさい。

ア　これはある人から聞いた話だ。
イ　ある晴れた日の出来事を日記に書く。
ウ　特徴のある商品を販売する。
エ　向こうの棚に新着図書がある。

［　　　］

6

次の文章を読んで、あとの問いに答えなさい。〈岐阜県〉

皆さんのような年齢になれば、友達同士でキャンプに行こうと、計画を立てることもあるでしょう。

（汐見稔幸『人生を豊かにする学び方』より）

問　と と同じ意味・用法の「と」を、次の**ア**～**エ**から一つ選びなさい。

ア　私は妹といっしょに勉強した。
イ　二人で取り組むと勉強がはかどる。
ウ　姉が帰ってきたと妹が教えてくれた。
エ　姉と妹のどちらも勉強熱心だ。

［　　　］

7

次の文章を読んで、あとの問いに答えなさい。〈島根県〉

空腹だった男は饅頭のひとつもなかろうかと台所の戸棚を開けた。そしてそのまま射抜かれた［ように］立ちつくした。

（木内昇『一両札』より）

問　文章中の［ように］と文法上の働きが同じものを、次の**ア**～**エ**から一つ選び、記号で答えなさい。

ア　せきを切ったように話し出す。
イ　遅刻をしないように気をつける。
ウ　やっと泳げるようになった。
エ　言われたように書いてください。

［　　　］

8 次の文章を読んで、あとの問いに答えなさい。〈岡山県〉

けれど、何も共有し合えアないかというと、そんなことはないはずです。（中略）「黄色」という言葉が多くの人の間で通じ、大きな齟齬（そご）も生じイないのは、「黄色」という概念について一定の理解があるからです。（中略）アレックスはヒトの言葉を使うことができる、ヒト以外では数少ウない生き物でした。（中略）

私たちが一般に「他人の立場になって物を考える」ように、わからエない部分については、差し当たり擬人化して、相手を理解していくことも大切です。

（野島智司（のじまさとし）『ヒトの見ている世界　蝶（ちょう）の見ている世界』より）

問　＝＝の部分ア〜エの「ない」のうち、他の三つと品詞が異なるものを一つ選びなさい。〔　　〕

9 次の文章は、高校生の松本さんに対して、中学生の島田さんと山内さんが、高校進学に向けての心構えなどについてインタビューしている様子です。これを読み、あとの問いに答えなさい。〈千葉県〉

秋の体育祭のときにクラスメートと撮った写真を見て、やる気を奮い立たせてきました。

問　文章中の　た　と同じ意味で使われているものとして最も適当なものを、次のア〜エのうちから一つ選び、その符号を書きなさい。

ア　空にかかった虹の美しさに見とれる。
イ　たった今家を出たと電話で連絡する。
ウ　昨日見た番組について友だちと語る。
エ　風景が描かれたカレンダーをかざる。

〔　　〕

10 よくでる

次の例文中の――線をつけた「られる」と同じ意味で用いられている「られる」を含む文を、あとのア〜エから一つ選びなさい。〈神奈川県〉

例文　待ち時間が長く感じられる。

ア　空梅雨で水不足が案じられる。
イ　観光客から道を尋ねられる。
ウ　好き嫌いなく食べられる。
エ　社長が出張先から戻って来られる。

〔　　〕

11

次の文章を読んで、あとの問いに答えなさい。〈新潟県〉

きびしい季節の中で、ひたむきに生きているこの土地の生き物たちの姿が僕は好きだ。

（星野道夫『悠久の時を旅する』より）

問　——線部の「で」と同じ意味で使われている「で」がある文を、次のア〜エから一つ選びなさい。

ア　彼女は誰もが認める努力家である。
イ　昼休みに子どもたちが遊んでいる。
ウ　天候が穏やかで春の気配を感じる。
エ　高校の同窓会で同級生に再会する。

〔　　〕

12

次の文章を読んで、あとの問いに答えなさい。〈香川県〉

口を出すのはやめよう。

（小嶋陽太郎の文章による。）

問　よう　は、次のア〜エのうちの、どの　よう　と同じ使われ方をしているか。同じ使われ方のものを一つ選びなさい。

ア　まるで他人事のように言う。
イ　来月になれば雪も消えよう。
ウ　明日はどうやら雨のようだ。
エ　早めに宿題をしようと思う。

〔　　〕

13

次の文章を読んで、あとの問いに答えなさい。〈福島県〉

さらに大切なことがある。

（西垣通『ビッグデータと人工知能』より）

問　「さらに」の「に」と同じ意味・用法のものを、次のア〜オから一つ選びなさい。

ア　マラソンランナーが、風のように走り抜けた。
イ　昨日は遅かったので、今日は明るいうちに帰ろう。
ウ　球技大会では、クラスのために頑張るつもりだ。
エ　誕生日のプレゼントを、友人の家まで届けに行った。
オ　家族で遊園地へ行き、一日中大いに楽しんだ。

〔　　〕

14

次の文中の——線をつけた「と」のうち、同じはたらきをするものの組み合わせとして最も適するものを、あとの1〜4の中から一つ選び、その番号を答えなさい。〈神奈川県〉

> 友だちァと山道を登っていくィと山が紅葉に彩られており、山頂から遠くの景色を眺めるゥと、晴れ晴れェとした気分になった。

1、アとイ　　2、アとエ
3、イとウ　　4、ウとエ

〔　　〕

15

次の文章を読んで、あとの問いに答えなさい。　〈島根県〉

足首の故障で選手としては断念したらしい。

（佐藤いつ子『駅伝ランナー』による）

よくでる

問　文章中のらしいと文法上の働きが同じものを、次のア～エから一つ選びなさい。

ア　王者らしい余裕のある試合はこびだ。
イ　かわいらしい子猫の仕草にいやされる。
ウ　今日は春らしい陽気で気持ちがいい。
エ　風が強まるらしいから気をつけてね。

〔　　〕

PART 3

読解①（出題内容別）

1 指示語・接続語（説明的文章）

栄光の視点

この単元を最速で伸ばすオキテ

- 説明的文章では、指示語が指す内容は重要な内容であることが多い。指す内容を明らかにしながら読み進めることが大事。
- 文同士、段落同士の関係をつかみ、文章全体の構成をとらえるためには、接続語の種類と働きを理解することが大切。

覚えておくべきポイント

指示語の指す内容は、直後を参考にしてから、まずは直前の文章の内容を探す

指示語の指す内容を問う問題では、直前の文章の中に答えが見つかることが多い。指示語の直後の言葉を参考にしながら、まずは、指示語の直前の部分から順に探していく。

指示語の指す内容に見当をつけたら、当てはめて確認する

指す内容が見つかったら、実際に指示語に置き換えてみる。文全体を読んでみて、違和感なく当てはまるかどうか、意味が通るかどうか、必ず確認する習慣をつけよう。

指示語の指す内容は、指示語の後にくる場合もある

まれに、指す内容が指示語の後にくることもある。

例 「彼なら例えばこんなことを言うだろう。決めるのは自分自身だと。」
→「こんなこと」＝「決めるのは自分自身だ（ということ）」

接続語は、空欄の前後の文の関係をつかむ

接続語を選ぶ問題では、空欄の前後だけから判断できる。空欄の前後で述べられた内容を比べ、その関係をつかめばよい。

接続語の種類と働きを知っておこう

接続語には「順接」「逆接」「並立・累加」「対比・選択」「説明・補足」「転換」などの種類がある。特に難しいのは、次のように前の事柄を言い換えたり、まとめたりする「説明・補足」をする働きのある接続語である。

- 「すなわち」「要するに」…言い換えたりまとめたりする。
- 「ただし」「なお」…補ったり条件を付け加えたりする。
- 「たとえば」「いわば」…例を挙げたりたとえたりする。
- 「なぜなら」「というのは」…前の事柄の理由を説明する。

接続語が段落の頭にある場合は、文章全体の構成をつかむ参考になる

段落同士をつなぐ接続語に着目すると、段落同士の関係をとらえることができ、文章全体の構成の把握にもつながる。

先輩たちのドボン

指示語が指す内容が文全体である可能性を見落とす

指示語の指す内容は、単語や一文節だけでなく、一文や連続した文、段落全体のこともある。指す範囲は慎重に特定する。

接続語を当てはめただけで判断する

接続語を空欄に入れたら、意味が通るからといって正解とは限らない。必ず空欄前後の内容の関係を確認しよう。

1 問題演習

次の文章を読んで、あとの問いに答えなさい。

〈富山県・一部オリジナル〉

　私は長い間シカ（ニホンジカ）の研究をしてきたが、日本のシカにとっては冬にササがあることが重要であることを発見した。そのことがあったので、アメリカに留学していた１９８５年、カナダで開催された学会で当時中国でパンダの調査をしていたジョージ・シャラー博士に会い、ササとシカの研究をしているのなら、①パンダの調査グループに入ってくれと要請された。そして、中国奥地でアメリカやベルギー、イギリスなどの研究者と過ごした。当時の中国は貧しく、調査には苦労もあったが、パンダの生息地を歩き回ったことは良い体験になった。

　そうした体験をした者として言いたいのは、パンダは「生きたぬいぐるみ」でも、ペットでもなく、まちがいなく野生動物だということである。実はそのことを正しく認識している人は驚くほど少ない。本来どこにいるかなどということは考えたこともなく、動物園で生まれた天使のような動物で、一生、暖かい部屋で、遊んで過ごす生き物だと思われているフシがある。

　パンダのイメージは良い意味での「偏見」だが、ヘビやハイエナのように汚らわしい、不気味だというイメージを持たれている動物もいる。では、②こういう偏見はどこから来るのだろうか。本書ではそのことを考えてみたい。

　その前に、そもそも、そういうことを考えることにどういう意味があるだろうか。ヒトは霊長類、つまりサルの仲間である。霊長類とは、一番すぐれているという意味だ。③人類がすべての生き物の中で最もすぐれているなど疑う余地のないことだと信じられてきた。ヒトだけが考えることができ、ヒトだけが言葉を使え、ヒトだけが道具を扱えるなどなど、ヒトとほかの動物との違いを指摘する説は無数にある。［　　］研究が進むにつれて、考える動物はいくらでもいる、というより考えない動物などいないのではないかということがわかってきた。言葉についても、言葉の定義にもよるが、個体間のコミュニケーションをとる動物は無数におり、④その具体的な事例が報告されるようになった。道具を使う動物は限られるものの、やはりいて、人間だけの⑤専売ではないことがわかっている。

　私たちにとって衝撃的だったのは、ヒトとチンパンジーのDNAが98％以上同じであるということが示されたことである。私たちが自分たちを特別だと思うことはある程度自然なことだが、この事実は2％以下の違いをもって、⑥われわれとチンパンジーは「まったく違う」と主張することが、強弁でしかないことを示してしまった。ヒトが特別に思慮深い動物であれば、なぜこのような思い違いをしてしまったのだろう。むしろ私たちはものごとを冷静に、客観的に見ることは苦手なのではないだろうか。そう思うほうが納得できることがたくさんある。

人間が人間中心にものを考えるのは当然であり、それの何が問題なのだという意見もあるだろう。私にもある程度そうした気持ちはある。ただ、20世紀の前半くらいまでは人間中心であることにさほど問題はなかった。というのは、⑦人間活動が地球全体の環境に大きな影響を与えるということはなかったからである。しかし今や世界の人口は70億人を超え、そのエネルギー利用は天文学的数字になっている。資源の枯渇（こかつ）が問題とされ、地球温暖化で異常気象が頻発し、深刻な災害が起きている。もし、このまま人間が地球の資源を使えるだけ使って「豊かな」生活を追求するという生活様式を改めないとすれば、残された自然はきわめて深刻な事態に陥るだろう。

そういう時代に生きている私たちは、ほかの動物に対して勝手なイメージを持ちがちで、この傾向はさらに強まりそうな懸念（けねん）がある。そのことに対して、動物を正しく知ることが、思い違いを是正することになるはずである。

相手を知らないために勝手なイメージを持って誤解するという私たちの態度は改まっているどころか、昨今はむしろ強くなっているように感じられる。「まず自分たち」という言い分が大手を振ってまかり通るようになった。人と人との関係と、人と動物との関係は当然違うが、それでも偏見は良くないと考えるのであれば、人と人でも、人と動物でも通底するものは同質なはずである。

（高槻成紀（たかつきせいき）『人間の偏見　動物の言い分』より）

問一　①パンダの調査　に参加した結果、筆者はどのようなことを確信するようになりましたか。本文中から**四十字程度**で探し、**初めと終わりの四字**を抜き出しなさい。

～

問二　②こういう偏見　とは、どのようなものですか。二十五字以内で説明しなさい。

問三　③人類がすべての生き物の中で最もすぐれているなど疑う余地のないことだと信じられてきた　とありますが、それはなぜですか。本文中の言葉を使って、解答欄に合う形で三つ書きなさい。

人類だけが

・

・

・

ことができると信じられてきたから。

よくでる

問四 [　　] に入る言葉として正しいものを、次のア～エから一つ選びなさい。

ア　また　　イ　だが　　ウ　だから　　エ　つまり

〔　　〕

問五 ④その具体的な事例 を説明した次の文の [　　] に入る言葉を、本文中の言葉を使って二十五字以内で書きなさい。〈オリジナル〉

[　　] ということの具体的な事例。

問六 ⑤専売 とありますが、本文中ではどのような意味で使われていますか。次のア～エのうち、最も適切なものを一つ選びなさい。

ア　権力　　イ　権威　　ウ　分権　　エ　特権

〔　　〕

問七 ⑥われわれとチンパンジーは「まったく違う」と主張することが、強弁でしかない とありますが、それはなぜですか。本文中の言葉を使って説明しなさい。

思考力

問八 ⑦人間活動が地球全体の環境に大きな影響を与えるということはなかった とありますが、20世紀の前半くらいまでそのように言えたのはなぜですか。本文の記述を手がかりに説明しなさい。

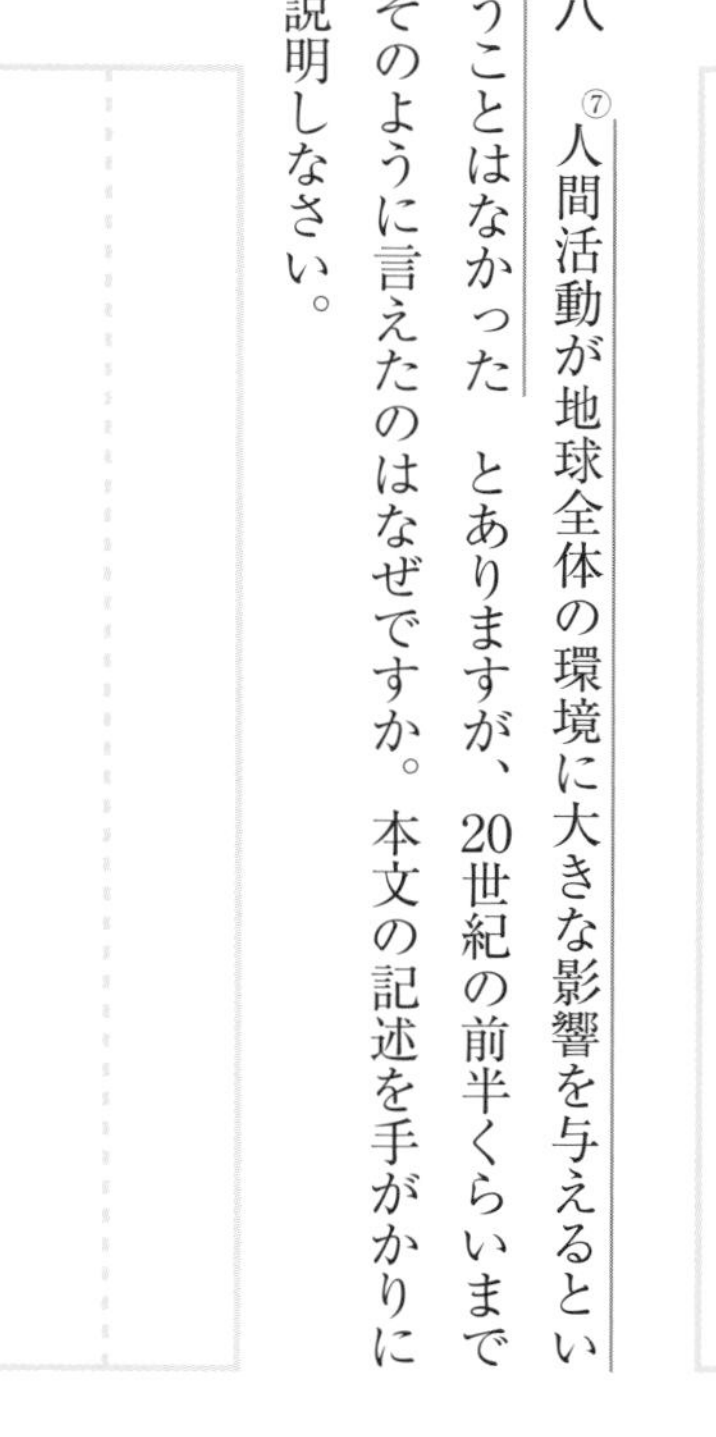

問九 本文の内容をまとめた次の文の（ a ）・（ b ）に入る言葉を、それぞれ本文中から三字以上五字以内で抜き出しなさい。

> 動物を（ a ）ことで、動物に対する偏見をなくし、「まず自分たち」という言い分で（ b ）に考える態度を改めなければならない。

a

b

2 場面・情景（文学的文章）

栄光の視点

この単元を最速で伸ばすオキテ

☑小説では、場面を読み取ったり情景描写から登場人物の心情を読み取ったりすることで、表現の意図をつかむことが重要。

☑小説では、情景描写は場面を説明するだけではなく、主人公の心情が暗示されていることがある。情景描写に込められた作者の意図を想像しながら読む必要がある。

覚えておくべきポイント

☑**場面を構成しているものを正しくつかむ**

いつ（時間、季節）、どこで（場所）、誰が（登場人物）、どうした（出来事）のかを正しくつかむ。

☑**主人公と登場人物の関係をつかむ**

主人公が誰かをまずつかみ、登場人物が何人出てくるか、主人公とはどんな関係かなどに注目しながら読み進める。

☑**場面の転換や、回想場面の挿入などに注意する**

時間の推移、場所の移動や、登場人物の入れ替わりに着目。現在の場面から過去の回想場面へ時間的な変化が起こったり、現在の場面の間に回想が挟み込まれたりすることもある。

☑**文章中の一行程度の空きが、場面の変化を示すこともある**

場面が複雑に変化する文章では、作者が行を空けることによって、場面の転換を視覚的に示していることもある。

☑**情景描写に注意する**

天候や風景、周囲からの音など、周りの様子を描いている箇所は、場面（場所や時間の移り変わり）を説明するだけでなく、登場人物の気持ちが暗示されていることがある。

☑**情景描写に登場人物の気持ちが暗示されている場合がある**

登場人物の目を通して、情景（風景や周りの様子）が描写されている場合、その情景にその人物の気持ちが映し出されていることが多い。

例「窓を開けると、寒々とした灰色の空が目に入った。」
↓主人公が、空を「寒々とした灰色」と感じるような、暗い気持ちでいたことを暗示している。

例「さっきまで気にもかけなかった、窓の外を通る電車の音が、突然ガンガンと頭に響き始めた。」
↓主人公が苛立ちや不安、焦りなどを感じ始めたこと（＝心境の変化）で、急に騒音に耐えられなくなったことを表す。

先輩たちのドボン

☑**主人公の心の中の言葉（心内語）に惑わされる**

小説では「――さっき、母は……と言ったのに、僕はなんであんなことを言ったんだろう。」のように、主人公が前にあったこと（過去）を思い返す描写が見られる。しかし、主人公が一人で心の中で（心内語）でつぶやく場合は、あくまで物語の場面は現在であり、回想場面ではないことに注意する。

問題演習

1

次の文章を読んで、あとの問いに答えなさい。〈兵庫県〉

> 南和中学校三年生の初田稚以子（はっち）は、壁新聞の写真係を務めている。夏休み中の県大会で、高杉潤五が所属する男子バレー部は北信越大会進出を決めたが、活躍が期待された軟式テニス部の赤緒梓は初戦で敗退した。二学期の初日、高杉が赤緒とともに登校すると、県大会の結果を伝える壁新聞が掲示されていた。

大判の模造紙が掲示板の高いところに貼られていた。夏休み中に制作していたのか、やはり壁新聞の新しい号だ。赤緒の予想どおりトップで扱われているのは男子バレー部の県大会突破および北信越大会の記事――しかし高杉が強烈に目を吸い寄せられたのは、その隣の、自分たちの記事の半分の扱いで載っている記事のほうだった。

「……はっち……」

掠れた声で呟いた。

軟式テニス部の敗退を伝える見だしとともに、赤緒のアップの写真が大きく載っていた。あのときはっちが夢中で撮っていた――不細工なほどに顔を歪め、涙をぐしゃぐしゃに垂れ流し、食いしばった歯を剝き、鼻水まで垂らして、一人、夕暮れのコートに這いつくばっている赤緒が――。

「……なに……これ……」

高杉に遅れて掲示板を視界に捉えた赤緒が呟いた。と、唐突に身をひるがえして駆けだしたので「赤緒!?」と高杉は驚いて振り返った。スカートなのも構わず男子顔負けの一段飛ばしで赤緒の姿はあっという間に階段の上に消えていった。

あとを追って高杉も三階に着いたとき、赤緒は3―3の教室の戸口で立ちどまっていた。

「あか……」

赤緒の後ろに立って教室の中に目をやり、高杉は言葉を切った。

寺川たち赤緒グループの女子三人と高杉の仲間の男子二人が、教室の後ろの壁にはっちを追い詰めて取り囲んでいた。いつものようにカメラを胸の前でしっかり持ったはっちが自分より背の高い五人を目を丸くして見あげている。

「どういうつもりやの。今まで梓に目ぇかけてもらっといて、あんな写真載せるなんて」

寺川が中心になってはっちに詰め寄る。

「あ、壁新聞のこと……?」

なんの話をされているのか今悟ったようなはっちのリアクションに寺川たちが気色ばむ。クラスの〝声がでかい〟グループ五人に取り囲まれながら、驚いたことに、はっちはたいして萎縮していなかった。それどころか嬉しそうに顔を輝かせすらして言いだした。

「あの写真ひっで*よう撮れた*で、みんなに見て欲しいって――」

男の一人が壁を蹴りつけた。すぐ脇で轟音を立てられてはっちがさすがに凍りついた。

「あっ……梓」

戸口に立っている赤緒に寺川たちが気づき、なんとなく気まずそうな顔になってはっちの包囲網をゆるめた。「新聞見てもた……？」

無言のまま赤緒が教室に踏み入った。寺川たちがあけた場所に赤緒が入り、はっちの正面に立つ。「赤緒ちゃん、おはよう……」未だいまいちなにを責められているのか理解していない顔ではっちが笑いかけたが、

「ゴシップ*記者でも気取ってるんか？」

冷ややかな赤緒の声に、ふにゃんとゆるんだ顔が固まった。

「ほやほや。ちょっと写真うまいでって調子乗ってんでないの？」寺川たちがまわりから加勢する。そこまで言われてはっちもやっと自分が吊るし上げられている事態を理解したようだった。さっと顔から血の気が引いた。

「えっ……？　ちっ違うよ、待って赤緒ちゃん、わたしはみんなに……」

「人の変顔隠し撮りして笑いものにするなんて最低な趣味やな。キモいわ」


弁明しようとしたはっちを赤緒が辛辣な口調で遮る。ところがはっちも意外な頑固さで譲ろうとせず、しどろもどろになりつつも言い募る。

「ちっ違うよ、ぜっぜんぜん変やないよ、いい写真やよ。負けたときにあんなふうにいっぱい悔しがれるんは、赤緒ちゃんがひっでテニス頑張ってたでやよ。モテる自慢したいとか、ほんだけでやれることやないよ。わたしそれをみんなに……」

「誰がいつそんなこと頼んだの⁉」

突然激昂した赤緒の裏返った声が教室に響いた。

「人が見られたないもん学校中に晒して、ほんで面白いの⁉」

はっちが目を丸くして口をつぐんだ。

静まり返った教室に自分の声がまだ反響する中、赤緒がふいと顔を背けた。「梓……」という寺川たちの気遣わしげな声にも応えず、戸口で立ち尽くしている高杉のほうに足早で歩いてくる。

「……潤五。あれ剝がしたいで、手伝ってくれる？」

顔を伏せて小さな声で言い、廊下へでていった。

「あ、ああ……」

赤緒に続く前に高杉は一度教室を振り返った。はっちは石になったように固まっていた。蒼ざめて強張った顔で赤緒がいた場所を見つめたまま、けれど、まだなにか言いたそうに唇が動いた。ほやけど……いい写真やよ……。

予鈴が鳴ったので踊り場の掲示板の前で足をとめていた生徒

たちは捌けていた。いつも新聞を貼っているのがはっちなのか、それとも新聞担当の教師なのか他の誰かなのかは知らないが、その誰かが貼るときには椅子か脚立に乗って留めたであろう画鋲に、高杉は背伸びをすれば手が届く。

画鋲を外すとき、間近で赤緒の泣き顔をもう一度見ることになった。

だよな、はっち……。心の中で同意の呟きを漏らす。あの場ではっちを庇えなかった自分の度胸のなさに、後ろめたさを覚えながら。……おれもこの写真、いいと思うよ。これまではっちが撮ってきた赤緒の写真のどれより、おれは一番これがいいと思った。

赤緒が自分で変顔と言ったとおり、正直本当にひどい顔だった。自他ともに認める赤緒の整った顔が見る影もないほど不細工になり果てていた。けれど……今まで知っていた赤緒のいろいろな顔の中で、高杉が一番惹きつけられた顔だった。

（壁井ユカコ『空への助走』より）

（注）ひっで…「とても」という意味の方言。
撮れたで…「撮れたので」という意味の方言。
ゴシップ…うわさ話。

よくでる

問一　本文を場面展開の上で三つに分けるとすれば、三番目の場面はどこからか。始めの四字を本文中から抜き出して書きなさい。ただし、句読点、かぎ括弧（「」）、リーダー（…）などの記号も一字に数える。

□□□□

思考力

問二　本文の表現の特徴の説明として最も適切なものを、次のア〜エから一つ選びなさい。

ア　効果的に「……」を用いることで、登場人物の言動の背後に隠れた心情を、より深く読者に感じ取らせようとしている。

イ　立場の異なる複数の視点から描くことで、事態の複雑な背景を、読者が多面的に解釈することができるようにしている。

ウ　登場人物と同年代の読者にとって視覚的にイメージしやすい直喩を多用することで、情景をリアルに感じさせようとしている。

エ　方言を使う登場人物の純朴なイメージを、方言を使わない人物との対比で強調し、人物像をとらえやすくしている。

〔　　〕

3 話題・要点（説明的文章）

栄光の視点

この単元を最速で伸ばすオキテ

説明的文章で要旨をとらえるためには、まず話題をとらえ、それに対する筆者の主張（結論）を正しくつかむことが大切。要旨をつかんだりまとめたりするためには、文章を読み進める際の、形式段落ごとの要点をつかんでいく作業が基本。

覚えておくべきポイント

話題（テーマ）が何かをつかむ

話題は主に文章のはじめに提示される。常に話題を意識し、確認しながら読み進める習慣をつけよう。

話題は、問いかけの文で示されることがある

「……について知っているだろうか？」「……とは思いませんか？」のような読み手に問いかける文は、話題を提示したり、問題提起をする役割を持つことが多い。さらに、ほとんどの場合、その問いかけに対する答えが結論となる。

繰り返し出てくる言葉（キーワード）に着目して話題をつかむ

話題の中心となる言葉はキーワードとして繰り返し登場することが多い。カギかっこで強調されていることもある。

重要性を示す言葉、強調する言葉に着目して話題をつかむ

「……が問題だ」「……が増えている」「実は……」「非常に……」のように強調されている内容は、話題を表すことが多い。

例 「現在の科学は、とても複雑で多岐にわたる。」
→「現在の科学」が話題となる可能性がある。

形式段落ごとの中心的な内容（要点）を確認しながら読む

筆者の意見や説明を述べている中心的な内容を要点という。説明的文章は原則的に複数の形式段落で成り立っている。各形式段落で何を伝えているのか、要点をつかむことが重要。

キーセンテンス（中心文）を強調する表現を見つける

キーセンテンスは形式段落における要点を表し、筆者の意見が明示された文であることが多い。「……に違いない。」「このように……」「要するに……」など意見を強調したりまとめたりした表現や、文章中のキーワードが含まれることが多い。

キーセンテンスを見つけながら読み進める

キーセンテンスは一文とは限らないが、見つけたら傍線を引くなど印をつける。印をつけたキーセンテンスをつなげて読み返すことで、文章全体の内容をつかむことができる。

先輩たちのドボン

一般的な意見を、筆者の意見と取り違える

説明的文章では、「一般論」→（しかし）→「持論」という流れで話題が提示されることがある。つまり、一般的な意見を紹介した上で、その反論という形で、筆者独自の意見を導くのだ。一般的な意見か、筆者の意見か、間違えないように。

2016年から
4年連続売上
第1位

低学年から読めて大学受験まで使える!

日本の歴史

3大特典つき 全15巻 +別巻4冊セット

3大
特典
つき

①戦国すごろく
②近現代史まるわかりすごろく
③戦国武将のぼり旗デザイン
しおり定規5枚セット

■セット定価 本体15,200円+税
■仕様 四六判ソフトカバー・各巻224ページ
■ISBN：978-4-04-108832-6

圧倒的におもしろいから
選ばれる!
誰もが夢中!
安心のクオリティ

東大受験のプロが絶賛

これからの歴史学習や
受験で重視されるのは
細かい年号や
単語の暗記ではなく
歴史の
大きな流れを
つかむこと

東京大学受験指導専門塾
鉄緑会 日本史科主任
岩田丞史先生

ここがすごい

1 歴史の流れをつかむための
工夫が満載!

2 史実に裏打ちされたまんがの
おもしろさ!

3 別巻『よくわかる近現代史』(全3巻)で
近現代史はバッチリ!

くわしくは角川まんが学習シリーズの
公式サイトをご覧ください。

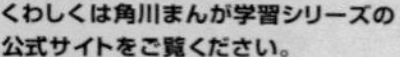

角川まんが学習 検索

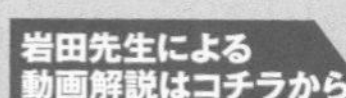

岩田先生による
動画解説はコチラから

KADOKAWA創業
75周年記念事業
角川
まんが学習
シリーズ
世界の歴史
「新学習指導要領対応」
世界史教育の最先端！
グローバル・ヒストリーを採用した
初めての歴史まんが！
カバー
イラストはすべて
スタジオジブリ
近藤勝也
描き下ろし！
全20巻
2021年
2月25日
一挙刊行
（予定）
角川まんが学習シリーズ
世界の歴史
KADOKAWA
「グローバル・ヒストリー」とは…？
グローバル化が進む現代、世界をいくつかの地域や国に分けて語る縦の世界史に加えて、地域や国の政治・経済・文化などのつながりや関係に注目する横の世界史の重要性が増しています。これが世界史教育の最先端「グローバル・ヒストリー」という歴史理解の方法です。
監修：
東京大学
名誉教授
羽田 正

問題演習

1

次の文章を読んで、あとの問いに答えなさい。〈静岡県〉

ⓐ

新しいことを発見する力をつけるには、いま、専門の本だけを読んではいけないのである。いろんな本を、手当たり次第読む。乱読である。そうすると、読む側の頭に眠っていた関心とひびき合う考えに、偶然の出会いをする。まず、何より不思議な喜びを覚える。おもしろいと感じる。新しいものを見つけたという気がする。

これが、小さいながらセレンディピティである。自分の専門とする分野の本を読んでいては決しておこらないことが、乱読で得られる。

近代の人間は、日本だけでなく、どこの国においても、活字の方が話すことばより、高級であるという考え方にとらわれている。学問のある人間は、本を多く読んでいる。学問のない人、本を読まない人は、耳学問だといって軽蔑（けいべつ）される。

頭のはたらきから言えば、話すのは書く以上に難しいらしい。ただ、書くには読み書きの技術を学ぶ必要があり、かつてそういうことを学ぶ人が少なかったため、多くはあきらめたのである。

知的活動として話すことはきわめて重要なものである。ときには、文章を書く以上に価値のあることもある。活字文化によってそのことがかくれてしまってきたのである。

話す、といっても、ひとりごとは別である。ひとりごとは、ことばらしいことばではない。相手がいるときの話は力をもっている。話すことばによる知的活動は、文字表現を支える論理とは異なるルールを求める。それを結晶させたのが、弁証法*と呼ばれる。これは、独語*、執筆にあたっての個人的なことばではなく、コミュニケーションをベースにしていて創造的である。

三人以上が集まって話し合う、おしゃべりをするというのは、いかにも低次に生活的で、知的活動とは考えられないのが普通である。おしゃべりはムダ話としてバカにされている。

果たしてそうであろうか、と考えるところから活字文化とは違った新しい文化が生まれる。

数人のものがクラブ*のようなものをこしらえる。めいめいが違った仕事、専門をもっていることが望ましい。同業者だけというのは多く不毛である。異業種の人ばかりの集まりだと、めいめいが思う存分なことを言える。ときには自分でも考えなかったようなことが、座の雰囲気にあおられて飛び出すかもしれない。これも、セレンディピティの一部だったりする。

ひとりひとりの言うことは、形式的論理*などは関係のない思考の断片である。同席の人たちがめいめいそういう点のような思考をふりまくから、［　　］小世界がひらける。いろいろな種類のアイデンティティ*の星のかがやく夜空のようだと考えられる。半分は意識下にあった関心も星のように飛び出るかもしれない。それが偶然に結び合って、爆発するということがおこる。

知的雑談でするどい興味をかき立てられるのは、小さなセレンディピティがおこっているのである。そういうセレンディピティなら普通の人間でもときどき経験することができる。「きょうの会、おもしろかった。」とつぶやくようだったら、小さいながらセレンディピティがおこっていたのである。

乱読のセレンディピティがあると同じように乱談にもセレンディピティがある。

（外山滋比古〔とやましげひこ〕『聴覚思考』より）

（注）弁証法…対話や弁論の技術。
独語…ここでは、ひとりごと。
クラブ…共通の興味などを楽しむための集まり。
形式的論理…ここでは、結論に至るまでの道すじ。
アイデンティティ…他とはっきり区別される個性。

よくでる

問一　本文中のⓐで示した部分には、傍線（——）部の理由について、筆者の考えの要点が述べられている一文がある。その一文の、最初の五字を抜き出しなさい。

□□□□□

問二　本文中の□の中に補う言葉として、最も適切なものを、次の**ア**～**エ**から一つ選びなさい。

ア　平然たる
イ　必然たる
ウ　整然たる
エ　雑然たる

〔　　〕

問三　本文の表現の特徴を説明したものとして、最も適切なものを、次の**ア**～**エ**から一つ選びなさい。

ア　全文を通じて、主語と述語、修飾語と被修飾語の倒置が多く見られる。
イ　文末の表現に常体を交えることなく、一貫して敬体を用いて表現している。
ウ　論を展開していく過程で、具体例や比喩表現を用いて説明を補足している。
エ　五音や七音の平易な和語を連続して用いることで、文章全体にリズム感を出している。

〔　　〕

思考力

問四　筆者は、セレンディピティとはどのようなことだと述べているか。本文中で筆者が述べている、乱読と乱談のそれぞれによって生じることの共通点を含めて、五十字程度で書きなさい。

4 心情（文学的文章）

栄光の視点

この単元を最速で伸ばすオキテ

文学的文章の読解では登場人物の心情をつかむことが最も重要な目標の一つ。必ず根拠となる表現を見つけて判断する。

覚えておくべきポイント

心情を直接的に表す言葉に着目する

「うれしい」「驚く」「心配する」など、喜怒哀楽を表す言葉に注目する。それ以外にも、「苛立ち」「焦り」「緊張」「後悔」など、登場人物の複雑な感情が問われることが多い。

会話文に着目する

会話の内容からも心情が判断できる。また、敬語の使用や、口調や方言など、言葉遣いに人物の心情の変化が表れることがある。

心情や希望を表す文末の表現に注意する

地の文や、登場人物が心の中で思った内容（心内語）にも、心情や希望、判断などが表れることがある。

例 「……と思った」「……しようとする」「……が気になる」
「僕は……したくない」

登場人物の行動・表情や態度にも間接的に表現される

登場人物の心情は、様々な形で間接的に表現される。行動から人物の意図・希望などが読み取れる他、表情や態度などの描写からも心情を推測できる。

慣用句など婉曲的に心情を表す表現に注意する

小説では、登場人物の心情は喜怒哀楽を表す直接的な言葉ではなく、慣用句などで間接的に表現されることも多い。

例 「事件を聞いた美波の目から涙がこぼれた。」→心配・悲しみ
「知らせを聞いて、妹は目を見開いた。」→驚き・戸惑い
「煮え切らない態度に、僕は地団駄を踏んだ。」→苛立ち

情景描写に心情が暗示されていないか注意する

情景描写には登場人物の心情が投影されることがある。情景描写が出てきたら、心情が暗示されていないか吟味する。

登場人物の性格をつかんだ上で確認する

同じ出来事が起こっても、感じる内容は人それぞれなので、心情を判断する問題では出題箇所の前後を吟味し、具体的な記述から根拠を見つけて判断する。また、問題文全体から登場人物の性格や考え方の傾向をつかんでおくことで、その判断が合っているかどうかを確認することができる。

先輩たちのドボン

「普通はこう思う」と一般論で判断して決めつけてしまう

登場人物の心情を、「自分なら絶対に怒る場面だ」「普通は悲しいはずだ」のように主観的に判断してはいけない。あくまで、文章中の具体的な表現を根拠にして、客観的に判断しよう。

問題演習

1

次の文章を読んで、あとの問いに答えなさい。〈北海道〉

> これは、写真の同好会である「チーム300」に所属する「ぼく（礼央）」が、同じ同好会に所属する耳の聞こえにくい「美駒ちゃん」と、活動場所の「イチマルサン」を出て歩いているときの話です。

ふたりで並んで歩く。四月末のいま、日が少しずつ長くなってきていて、太陽はまだ斜め上の高いところにある。日差しは温かいけれど道の角を曲がるたびにひんやりとした風に包まれた。温かい日差しと冷たい風。このない混ぜな感じが春だな、なんて思う。

「あのね、訊きたいことがあって礼央君を誘ったんだよね」

隣を歩く美駒ちゃんが見上げてきた。

「な、に？」

ぼくは唇を大きく動かして返事をする。

「批評会のときにヒロ君となにか話していたでしょう。あれはなにを話していたのかなと思って。ホワイトボードに書いてくれなかったからわからなかったんだよね」

「ああ、あれね」

ぼくは思い出したというふうに両手を打ち合わせるゼスチャーをし、ジーンズの尻ポケットからスマートフォンを取り出した。ディスプレイにタッチペンで書きつけて見せる。

〈写真は自分ではない外の世界を撮っていながら、結局は自分を写しているんだなって話〉

[1]読み終えた美駒ちゃんがなぜか頼もしげにぼくを見て微笑んだ。

「いいと思うな」

なにが「いいと思うな」なのだろう。ぼくは首を傾げた。

「礼央君のそういう感じ方はわたしに近い気がする」

「ほ、ん、と、に？」

「うん、さすがにいままで表現の分野に携わってきただけあるよ」

駅に着き、二階の改札口に続くエスカレーターのふもとで別れた。美駒ちゃんはゆらゆらと手を振ってエスカレーターに乗って帰っていった。

イチマルサンに戻るぼくの足取りは軽かった。ややもするとスキップしてしまいそうになった。美駒ちゃんから褒められたのがうれしくてしかたなかったからだ。

「わたしに近い気がする」

美駒ちゃんはそう言っていた。ぼくは彼女に近づけた。新たな扉を開いたような心地がした。

写真を始めたばかりのぼくにとって、美駒ちゃんがくれた微笑みは道しるべだ。写真の世界で何歩も、いや、何百歩も前を行く彼女に認められた喜びがある。それでいいよ、と背中を押してもらえた心強さがある。また、ヒロがいまだ気づけていない写真の境地に先にたどり着けた優越感もあった。

ふわふわとした心地で帰り道を歩く。公園に植えられたユキヤナギの白がまぶしい。時期がおわって地面にまき散らされた八重桜の花びらがやけにいとおしい。ゆっくりと薄らいでいく空の青が目にやさしくて好きだ。

道の角を曲がった。その途端、ひんやりとした風に全身を包まれた。ぼくはその冷たさの中で足を止めた。胸の内側にまで冷気が忍び込んでくる。浮かれていた心がいっきに冷やされた。

ぼくはうな垂れてアスファルトを見つめた。汚れたスニーカーの爪先が目に入る。

「浮かれている場合じゃないだろ」

自分に向かって言い放った。ぎゅっと両方のこぶしを握りしめる。

写真家として認められ始めている美駒ちゃんに褒められれば、そりゃあうれしい。ぼくだけでなくチーム３００のメンバーは誰もが美駒ちゃんに褒められたがっている。ぼくもこの三か月間はシャッターを切る瞬間に、彼女から褒められる自分を想像した。

でも、そんなことでは駄目だ。ちょっと褒められたぐらいで有頂天になってどうする。ぼくは美駒ちゃんを越えていきたい。ぼくはヒロみたいに美駒ちゃんの信奉者になるつもりなどない。彼女に勝ちたいのだ。

中央線が高架の上を走っていく。美駒ちゃんが乗った列車かもしれない。彼女は電車に乗っていても写真を撮る。車窓を流れる景色を撮ってくる。車内でスナップを切ってくる。

今日も帰りの車内でシャッターを切っているはずだ。灰色の東京の街を貫いて走るあの車両の中で。

「負けたくないな」

写真を撮りたい欲求が急速に膨れ上がってきた。なぜイチマルサンからカメラを持って出てこなかったのか。手ぶらで出てきた自分に腹が立つ。ぼくはイチマルサンに向かって駆け出した。[2]のんびり歩いてなんかいられない気分だった。

もっと撮ろう。上達してみせよう。美駒ちゃんはぼくと同じ二十五歳でありながら、あれだけの撮影技術を身につけ、すでに個展を開き、写真集の話も進んでいる。彼女と同じスピードで進んでいたら追いつけない。勝てやしない。

ぼくは走らなくてはいけない。全速力で走って、[3]今日開いたような新たな扉をいくつも開けて進んでいかなくてはいけない。美駒ちゃんはきっとその先にいる。

（関口尚（せきぐちひさし）『サニー・シックスティーン・ルール』より）

（注）ヒロ君…チーム３００のメンバーの一人。
スナップ…ここでは、人物などを手早く撮った写真のこと。

問一 ――線1「読み終えた……微笑んだ」とありますが、「ぼく」は、美駒ちゃんの微笑みが、「ぼく」にどのような気持ちをもたらしてくれたととらえていますか。文中から三つ、それぞれ三字以内で書き抜きなさい。

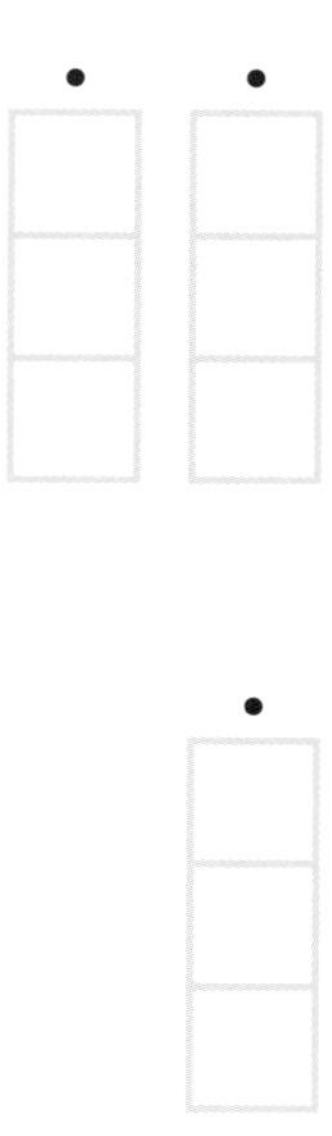

問二 ――線2「のんびり歩いてなんかいられない気分だった」とありますが、「ぼく」がこのような気分になったのは、美駒ちゃんに対するどのような思いによって、このとき何をしたくなったからですか、三十五字程度で書きなさい。

問三 ――線3「今日開いたような新たな扉」とありますが、「ぼく」がこの日、新たな扉を開いたと感じたのは、美駒ちゃんとのやりとりを通して、どのようなことが分かり、どのように思えたからですか、四十字程度で書きなさい。

問四 次は、この文章における表現上の工夫の一つをまとめたものです。①、②に当てはまる表現を、それぞれ文中から書き抜きなさい。ただし、①は七字、②は八字とします。

> 「ぼく」が［①］ときに感じていた［②］が、春の季節感を表すためだけでなく、「ぼく」の心情の変化のきっかけとしても用いられている。

①

②

5 段落関係・要旨（説明的文章）

栄光の視点

この単元を最速で伸ばすオキテ

論理的文章では、段落をとらえて文章構成を理解すれば、要旨をつかめる。段落関係を示す言葉に着目する。

要旨をまとめる問題では、話題と結論を述べた意味段落の要点が骨子となる。過不足がなく筋の通った文になるよう、他の意味段落の要点を補足する。キーワードは落とさない。

覚えておくべきポイント

段落同士の関係をつかみ、意味段落に分けよう

形式段落ごとに前後の段落とのつながりを考えると、意味ごとの大きなまとまりである意味段落に分けられる。

段落同士の関係には、主に次のようなものがある

- 主張を述べる段落と、その理由を述べる段落。
- 主張を述べる段落と、主張を補足する具体例の段落。
- 一般論を述べる段落と、それに対する反論を述べる段落。

段落の最初にある接続語などに着目する

段落の冒頭の「さらに」「例えば」「このように」などの言葉から、前の段落との関係が判断できる場合がある。

例
「要するに」…前の段落やそれまでの内容をまとめる。
「すると」「そこで」…前の内容を発展させて述べる。
「つまり」…前の内容を言い換えたり、強調したりする。

文章全体における、意味段落の役割を考えよう

各意味段落がどのような役割を持っているかを考えると、文章構成がはっきりととらえられ、要旨がつかめる。意味段落は主に次のような役割を持つ。

- 話題の提示
- 問題提起
- 筆者の意見
- 具体例（例示）
- 結論

文章構成の基本の型をもとに考える

文章構成には主に三つの型がある。

- 頭括型…結論→根拠
- 尾括型…具体例や資料→結論
- 双括型…結論→本論の展開→結論

結論は、最初の段落や最後の段落に置かれることが多い。

キーワード、文章中の言葉を使って、要旨をまとめる

要旨とは、筆者が文章において最も伝えたいこと。要旨をまとめる問題では、筆者が、①どんなことについて（話題）、②どんな考えを持っているかについて（結論）、各意味段落の要点をつなげてまとめる。キーワードをもれなく盛り込み、原則として文章中の言葉を使ってまとめる。

先輩たちのドボン

文末表現を見落として、結論をつかめない

結論を述べる文は、「……はずだ」「ぜひ……したい」「特に……である」などの断定、強調した表現や、「……ではなかろうか」のような問いかけの形が多いので、見逃さない。

問題演習

1

次の文章を読んで、あとの問いに答えなさい。〈福島県〉

　アナログとかデジタルという言葉も、もう普通に使われる言葉になってしまった。デジタルはディジット、つまり指に由来する言葉である。指折り数えるというような、*離散的な量の表示である。アナログは連続量と訳されることが多いが、もともとはアナ（類似の）とログ（論理）に由来する言葉である。ある量を別の何かの量に変えて表示すること。時間という連続量を、文字盤の上の針の角度で類似させたり、温度を水銀柱の高さで近似させたりする、これらがアナログ表示。いっぽう、デジタル時計では、連続量である時間を数値化する。標本化するのだと言ってもいいだろう。連続量を離散量に標本化する作業だから、どんなに細かく区切っても、量と量のあいだには*空隙（くうげき）が残る。（第一段落）

　われわれはアナログの世界に生きている。1分、2分という区切りに関係なく時間は私のなかを流れているし、空気にもその匂いにも境目はなく、数えることはもちろんできない。そんな世界にあって、感覚としてアナログを捉えることはできても、それを表現することはできないものである。表現した途端にそれはアナログからデジタルに変換されてしまうからである。アナログ世界は表現不可能性のなかでのみ成立しているとも言える。「今日は38度もあった」と言えば、38度という数値は理解できるが、[1]その人が感じている暑さは、38という数値のなかにはない。（第二段落）

　何も数値化だけがデジタル化なのではなく、言葉で何かを言い表（あら）わす、そのことがすなわちデジタル化そのものなのである。言葉で表わすとは、対象を取り出して、当てはまる言葉に振り分ける、すなわち分節化する作業である。外界の無限の多様性を、有限の言語によって切り分けるという作業なのである。一本の大きな樹（き）がある。「大きな」という言葉の選択の裏には、「見上げるばかりの」とか「天にも届きそうな」とかの別の表現が、潜在的な可能性としては数えきれないほど存在したはずで、そんな可能性をすべて断念し、*捨象した表現が「大きな樹」という便宜的な表現になったのである。「大きな樹」は、その樹の属性の一部ではあっても、その樹の全体性には少しも届いていない。「言葉には尽くせない」という表現自体が、言葉のデジタル性をよく表わしている。（第三段落）

　人は自分の感情をうまく言い表わせない時、言葉のデジタル性を痛感する。言葉と言葉の間にあるはずのもっと適切な表現をめぐって苦闘する。感情を含めたアナログ世界をデジタル表現に移し替えようとするのが、詩歌や文学における言語表現であるとも言える。折に触れてコミュニケーションの大切さが言われるが、私たちはともすれば、デジタルをデジタルに変換しただけの作業を、コミュニケーションだと錯覚しがちである。

（第四段落）

もともと言語化できないはずのアナログとしての感情や思想があり、それを言語に無理やりデジタル化して相手に伝えること、それがコミュニケーションの基本である。『哲学事典』（平凡社）は、そのところを、「送り手が記号を媒介*にして知覚、感情、思考など各種の心的経験を表出し、その内容を受け手に伝える過程」と定義している。ここで言う「記号」とは、ヒトの場合であれば言語ということになるが、動物の場合は、鳴き声や、身振り、威嚇など、いずれもアナログな表現がコミュニケーションの「媒介」手段である。ヒトだけが、例外的にコミュニケーションにデジタルを用いることが多いのである。

（第五段落）

言語を媒介としているので、受け手としては、どうしても言語の抱え持っている辞書的な情報そのものを、送り手の伝えたかったすべてと考えてしまいやすい。しかし、送り手の内部でアナログのデジタル化は、ほとんどの場合、不十分なものであるはずなのである。特に複雑な思考や、あいまいな感情などを伝えようとするときには、デジタル化はほぼ未完のままに送り出されると思っておいたほうがいいだろう。

（第六段落）

従って、伝えられたほうは、言葉を単にデジタル情報として、その辞書的な意味だけを読み取るのではなく、デジタル情報の隙間から漏れてしまったはずの相手の思いや感情を、自分の内部に再現する努力をしてはじめてコミュニケーションが成立するのである。真のコミュニケーションとは、ついに相手が言語化しきれなかった「間（あいだ）」を読みとろうとする努力以外のものではないはずである。それがデジタル表現のアナログ化であり、別名、「思いやり」とも呼ばれるところのものなのである。

（第七段落）

（永田和宏（ながたかずひろ）『知の体力』より）

（注）離散的…連続的ではないさま。値や数値がとびとびになっているさま。
空隙…隙間のこと。
捨象…物事のある性質を取り出すとき、他の性質を排除すること。
媒介…両方の間に立ってとりもつこと。

問一 「1その人が感じている暑さは、38という数値のなかにはない。」とあるが、それはどういうことか。最も適切なものを、次のア～オのから一つ選びなさい。

ア 個人の印象に基づく表現では、アナログ世界を適切に解釈したものとして他者に認めてはもらえないということ。

イ 数値化による表現では、アナログ世界を感覚によってどのように捉えているかを他者に伝えきれないということ。

ウ 個人の印象に基づく表現では、アナログ世界の多様な特性について自分自身の理解を深められないということ。

エ 数値化による表現では、アナログ世界に対して私たちが抱く疑問点について十分な説明ができないということ。

オ 類似するものを用いた表現では、アナログ世界に対する個人の意見を他者と共有することができないということ。

［　　］

よくでる

問二　本文における**第五段落**の働きとして最も適切なものを、次の**ア**〜**オ**から一つ選びなさい。

ア　理想的なコミュニケーションの取り方を定義し、アナログ表現の抱えている問題を指摘した第四段落までの内容をまとめる働き。

イ　ヒト以外の動物が行うコミュニケーションの限界を説明し、デジタル表現の重要性を示した第四段落までの主張を補強する働き。

ウ　ヒトだけがもつコミュニケーション能力の特徴を提示し、その能力が発達した原因を推測する第六段落以降のきっかけとなる働き。

エ　コミュニケーションにおけるデジタル表現の長所を整理し、具体例を挙げて言語の可能性を証明する第六段落以降へと引き継ぐ働き。

オ　ヒトが行うコミュニケーションの特殊性を確認し、言語を媒介として伝えることの特性を考察する第六段落以降へとつなぐ働き。

〔　　〕

思考力

問三　筆者は、言語によるコミュニケーションにはどのようなことが大切であると述べているか。**送り手、受け手の二語を用いて六十字以内で書きなさい。**

6 主題（文学的文章）

栄光の視点

この単元を最速で伸ばすオキテ

- 文学的文章の主題をつかむには、主人公の心情の変化や山場に注目して、作者が伝えたいことを読み取る。
- 主題をまとめる問題では自分の言葉でまとめる必要がある。

覚えておくべきポイント

主題とは作品の中心的な内容、テーマのこと

書き手である作者が、作品を通して伝えようとしている中心的な内容、作品のテーマのことを主題という。

物語の構成を確認し、山場と結末の記述に特に注意する

文学的文章は、「導入」「中心（事件や出来事）」「山場（クライマックス）」「結び」の四つの構成から成る場合が多い。主題をつかむためには、文章の構成を意識して、山場と結末で描かれた内容に注目する。

作品の山場（クライマックス）から主題をつかむ

作品の山場では、話が大きく動いたり、主人公の心情が大きく変化したりする。ここで物語が最も盛り上がり、緊張が高まる。作者が作品を通して最も描きたかった場面になる。

作品の山場に表現された作者の意図を考える

作者が山場を通して読み手に伝えたかったメッセージや、描きたかった人間の思いなどが、文章の主題となる場合が多い。特に、山場で変化した主人公の心情が最終的にどのような心境へたどり着いたか、主人公がどのようなことを理解したり、学んだりしたかという点に主題が映し出されやすい。

主人公の価値観の変化などの成長がテーマになることも

高校入試における小説の読解では、主人公がある出来事を通して心情や物の見方が大きく変化し、精神的に一歩成長する場面が出題されることがある。この場合、主人公が何を学び、どのような人物へと変化したかをつかむことがポイント。

主題のまとめ方の例　「有砂が試合中のけがを通して知った、仲間のありがたみと大切さ。」

主題をまとめる問題では、自分の言葉でまとめる

論理的文章における要旨と異なり、主題が文章中に直接的な言葉で書かれている場合は少ない。主題を文章にまとめる問題では、字数に合わせて自分の言葉でまとめる必要がある。

先輩たちのドボン

主題のまとめ方が抽象的すぎる

主題をまとめる問題では、制限字数が少ない場合は一般に抽象的な内容になるが、字数が多い場合は、字数の範囲内で文章の内容に即した具体的な説明を盛り込むようにする。

例　「父親の娘に対する深い愛情。」（十五字以内）
「普段寡黙な父親が垣間見せた、娘に対する深い愛情。」（二十五字以内）

1 問題演習

次の文章を読んで、あとの問いに答えなさい。〈佐賀県〉

> 父親に勧められた水泳をやめて以来、父親とも、水泳を続けている妹の真琴ともうまく向き合えずにいた正太郎は真琴のメダルを持ち出し、油性ペンで黒く塗りつぶしてしまう。二年がたったある日、正太郎は母親と、合同練習の会場に真琴を送り届け、店で昼食をとる。正太郎が母に「……母さん、メダルのこと、気づいてる?」と聞くと、「お母さんは、正太郎が好きなことやってくれてたら、それでいいと思う」と言われる。メダルを盗んだことを母が知っていることに気づいた正太郎は涙を流し、「ごめんなさい」を繰り返しながらオムライスを食べる。その後、二人は一時間ほど街をドライブした。

午後、僕は母と並んで真琴の合同練習をプールサイドの端っこのほうで見学した。市民プールは、塩素のにおいがした。僕がこの世で、一番嫌いなにおい。

真琴のコーチは母を発見すると軽く頭を下げ、そのあと、ちょっと不思議そうな顔をしながらこちらにやってきた。

「正太郎君? 大きくなったわねえ」

六年もたっているのに、わかるもんなんだな。

休憩時間になり、水泳帽を被った真琴は母と僕を発見して、ちゃんと見てた? また記録更新したんだよ! と言った。

「ごめん、二人でお昼食べてたら見逃しちゃった」

怒るかと思ったが、真琴は、バカー! と言っただけだった。

いや、これでちゃんと怒っているのか。

「またすぐに更新するでしょ。そのときはちゃんと見るから」

母の言葉に、真琴はうれしそうな顔をした。

笛が鳴って、真琴はコーチのもとへ走っていった。

「じゃ、最後にクロールね」

真琴はゴーグルをばちんと目にはめて、コーチの笛の合図で壁を蹴り、泳ぎ出した。

初めて見る真琴の泳ぎは見事だった。しなやかで、力強くて、子供のころに見た父の泳ぎをミニサイズにしたみたい。僕にはできなかった、父みたいな泳ぎ。そう思うと、やはり胸がキリリと痛んだ。でも僕は、ちゃんと最後まで真琴の泳ぎを見た。

真琴は、ひとかきごとに確実に速くなっていくのだろう。

僕だって、あのとき水泳をやめていなければ、真琴みたいに、父みたいに速くなれたのだろうか。

僕はいつか、真琴の泳ぎを、胸の痛みなしで、心の底から「がんばれ」と思いながら、見られるようになるだろうか。

そう思いながら、僕は真琴のクロールを見ていた。

帰りの車内は静かだった。

母がバックミラーにちらりと目をやって言った。

「見てよ、あの寝顔」

真琴は、体を斜めにして口を開け、上を向いて爆睡*していた。水泳は、ものすごく体力を使うのだ。

「お父さんね、このまえ言ってたよ」

母がまた唐突に言った。

「……何を」

「正太郎に、どういうふうに接していいかわからないって」

「………」

「自分が無理矢理水泳をやらせて、つらい思いをさせたんじゃないかって。だから、正太郎がやることに関して、口を出すのはやめようって、正太郎が水泳やめたときに決めたんだって。でも、そんなの、口に出してくれないとわからないよね。お父さん、そういうの、へたくそなんだよ。だからいま、お母さんが代わりに言っちゃった。お父さんのこと、許してあげて。お父さんだって、お母さんと同じこと、正太郎に対して思ってるんだよ」

今日の母は、まるで友達みたいな口調で話す。

僕は、本当は、わかっていたのだ。

でも、途中であきらめた自分が情けなくて、僕のほうが、父と距離を置くようになったのだ。

いまからでも、僕たち親子は、笑って話したり、思っていることを伝え合ったりできるだろうか。流れていく窓の外の景色に目をやりながら、僕はそんなことを考えた。

「できるよ、家族なんだから」

母は、僕の心が読めるみたいだ。


（小嶋陽太郎『ぼくのとなりにきみ』より）

（注）爆睡…ぐっすり眠ることをいう俗語。

思考力

問一 流れていく窓の外の景色に目をやりながら、僕はそんなことを考えた　とあるが、この時の「僕」の説明として最も適当なものを、次のア～エから一つ選びなさい。

ア 母に父の代わりに謝罪されたことでわだかまりが解け、自分に対して厳しい態度をとり続けていた父をもう許してもいいのではないかと考え始めている。

イ 母の後押しをきっかけにようやく自分の思いを素直に認めることができ、これまで避け続けてきた父との関係をもう一度築き直す方向で考え始めている。

ウ 母に父の不器用さを教えてもらったことで、これまでわかりづらかった父の愛情に気づき、もう一度逃げずに水泳をやってみようと決意している。

エ 父と距離を置いているのは自分であることを母に指摘され、その事実に今まで気づいていなかったことを悔やみ、素直に父に謝ってみようと決意している。

〔　　〕

PART

4

読解②（出題テーマ別）

1 友情・仲間（文学的文章）

栄光の視点

この単元を最速で伸ばすオキテ

☑「友情・仲間」を扱った作品では、主人公だけではなく、主人公を中心とした友人たち（登場人物）の心情や性格、様子などが問われることが多い。

☑前書きやその場面での表現や登場人物同士の関係から、問われている内容を丁寧に読み取ることが大切。

覚えておくべきポイント

☑**登場人物たちの心情を直接的に描写する表現**

主人公と、主人公を取り巻く登場人物の心の動きをとらえるには、文末表現と心情を表す言葉に着目する。

- 文末表現
  例「〜と思った」、「〜と考えた」「〜したい」
- 心情を表す言葉
  例 うれしい、楽しい、悲しい、悔しい、驚く

☑**登場人物たちの心情を間接的に描写する表現**

文末表現と心情を表す言葉以外に、登場人物についての描写（言動・表情・態度・様子・情景など）にも、心の動きが表れている場合がある。

例 少年はまた一位になることが出来ず、地団駄を踏んだ。（行動）
↓悔しさ・怒り

例 彼女の目には、一面の海がきらきらと輝いて見えた。（情景）
↓うれしさ、希望

☑**心情の〈変化〉**

心情の変化は、出来事とのつながりから読み取ることができる。特に「友情・仲間」を扱った作品では、次のような心情の変化がよく見られる。

①主人公は、友人に対してあこがれや嫉妬、劣等感を抱く。
②友人との会話や出来事（けんかなど）を通して、主人公は友人の気持ちや考え方に気づく。
③主人公は、友人との関係を新たに確認する。
→友人との関係を通して、主人公は成長する（自分を好きになる）。

先輩たちのドボン

☑**「前書き」をしっかりと読まない**

前書きも含めて一つの作品であることに注意しよう。前書きを読むことで、登場人物の関係性や、本文の前の部分でどのような出来事があったのかなど、概要を知ることができる。

☑**自分自身の経験だけをもとに考える**

「友情・仲間」を扱った作品は身近な内容であることが多いため、ついつい自分自身の経験に合わせて考えがちだが、登場人物が必ずしも自分と同じように考え、行動するとは限らない。本文の内容を丁寧に読み取ろう。

問題演習

1

次の文章を読んで、あとの問いに答えなさい。　〈島根県〉

> 中学校のバスケットボール部でキャプテンを務めている後藤明良（ごとうあきら）は、部員たちとの意識の違いから部活動を続ける意欲を失い、チームメイトの真野（まの）に退部するつもりだと打ち明ける。

「オレ、中学受験失敗して、まだふてくされてた時期だったし、こんな弱小チームでやってられるかって、すぐに見限ったんだ」

そんな理由でやめていくのも、めずらしいことじゃない。

「だけど、ほかにはいりたい部活もなかったし、とりあえず幽霊部員のままでいたんだ」

　真野は背中をまるめてぼそぼそと話し続けていた。

「だけど、毎日退屈でさ。居場所はないし、やりたいことはないしで、スゲーきつかったよ」

　そのころを思いだしているのか、首を倒してうなだれている。

「そんなときにさ。後藤が声をかけてくれたんだよ」

「オレ？」

　身に覚えのないことをいわれて、明良はすっとんきょうな声をあげた。

「スゲー無邪気な笑顔を見せて『今日、練習こないの？』ってさ」

　明良は必死で自分の記憶の回路をさぐったけれど、まったく思いだせない。

「返事に困って口ごもってたら『最近一年でもゲーム形式の練習に参加させてくれるんだよ。面白いからきたほうがいいよ』って誘ってくれてさ」

「……覚えてない」

　明良の言葉に真野は「やっぱりね」と笑った。

「でも、オレは声をかけてもらえたのが、スゲーうれしくてさ」

　真野は照れているのをかくすように、両手で顔をこすって汗をふいている。

「それで何気ない顔して、体育館にいったらさ。まず、（注）吉田（よしだ）や谷口（たにぐち）がオレのこと見て『おかえり！』っていってくれたよ」

　明良はそんな真野をじっと見つめた。

「そして、おまえは夢中になって練習してたよ。スゲー楽しそうに、ボールを追ってたよ」

　新入生のころ……。

　シュート以外の練習ができるのが楽しくて、パスを受けとるだけで、ドリブルでコートをかけぬけるだけで。爽快（そうかい）だった。愉快だった。興奮していた。

　それで将来、プロの選手になりたいという夢を抱くようになったのだ。（注）ＮＢＡで活躍するような選手になるのだと、心に誓ったのだ。

「①なんか、ここ、いいじゃんって思ったよ。いいヤツらが集まってるじゃんってさ」

　弱小チームのくせにはりきって練習する明良のことを、笑うヤツはひとりもいなかった。三年生の引退試合のときは、親切な先輩が「やってみるか?」と試合に出場させてくれたほどだった。そんなひいきは、弱小だから、試合に勝つつもりなんかないチームだからこそ、可能だったのだ。そんな明良を、メンバーはひがむことなく応援してくれた。

「ここにいたいって思ったよ」

　そんなチームに、不満を持つようになったのはいつからだろう。

「ここを自分の居場所にするんだって、この居心地のよさを自分が守っていこうって思ったよ」

　このチームに失望するようになったのは……。

「男子バスケ部は、いいチームだよ」

　初めて出場したその試合でボロ負けして、早々と試合会場を去らなければならなかったあのときだ。むなしかった。くやしかった。もっと試合がしたかった。でも、負けたらそれでおしまい。もう試合はさせてもらえない。

　バスケを楽しみたかったら、勝たなきゃ意味がないと思った。それなのに、うちのチームはこんなに簡単に負けてしまう。しかも負けたことをちっともくやしがっていない。

　メンバーと自分の意識のギャップに、愕然(がくぜん)とした。中学時代をこんなのんきな部活ですごして、今、すでに地区大会で優勝するようなヤツらに、追いつけるのだろうかと、不安になった。

　急に心配になったあのときから、チームに不満を持ちはじめた。②このノリにそまるわけにいかないと思った。そして、おばあちゃんの家でのシュート練習にくわえて、夜のトレーニングをはじめた。勝つチームにいるヤツらに少しでも追いつくように。(注)里中高(さとなかこう)に入学したときにはすでに手遅れでしたということになっていないように。

「男子バスケ部は弱いけど、いいヤツらが集まってる」

　だけど、バスケを楽しいと思わせてくれたのは、ほかでもないこのチームだったからだ。

　夢中になっている明良のことを、だれもバカにしなかった。なにがんばっちゃってんの的な邪魔は、一度もされたことがない。だから、練習にこないヤツに「面白いよ」と声をかけてしまうほど、無邪気でいられた。のびのびと、ボールを追いかけていられた。

(草野(くさの)たき『リリース』より)

(注) 吉田や谷口…ともにバスケットボール部員。
NBA…北米のプロバスケットボールリーグの名称。National Basketball Association の略。
里中高…県立里中高校。全国大会の常連校で、明良は入学を希望している。

問一 傍線部①に「なんか、ここ、いいじゃんって思ったよ」とあるが、真野がこのように思った理由として最も適当なものを、次の**ア**～**エ**から一つ選びなさい。

ア 部活動を休んでいた真野を何のこだわりもなく受け入れたり、バスケットボールを純粋に楽しんだりするチームメイトの姿を見たから。

イ 部活動にこない真野をひそかに心配して、部に復帰させるための機会を常にうかがっていたチームメイトの地道な努力を知ったから。

ウ 部活動に無気力であった真野を見捨てたりせず、バスケットボールという競技の魅力を教えてくれたチームメイトの気遣いを感じたから。

エ 部を弱小チームだと軽蔑する真野を非難せず、自分たちの練習態度を反省し、真剣に部活動に打ち込むチームメイトの姿勢に気づいたから。

［　　］

よくでる

問二 傍線部②に「このノリにそまるわけにいかないと思った」とあるが、明良がこのように思ったのはなぜか。その理由を、「このノリ」の内容を解答に入れながら、四十五字以上、五十五字以内で答えなさい。ただし、「バスケットボール」のことは、「バスケ」と表記してもよい。

問三 効果的に相手を説得するためにはいくつかの方法があるが、文章中の真野はどのような方法で明良を説得しようとしているか。その方法にあたるものとして最も適当なものを、次の**ア**～**エ**から一つ選びなさい。

ア 的確に根拠を述べて、論理的に説明しようとしている。

イ 共有できる経験を取り上げ、共感を得ようとしている。

ウ 具体例を示し、一般的な概念を裏づけようとしている。

エ 意見の相違を整理し、論点を明確にしようとしている。

［　　］

2 文化・言語（説明的文章）

栄光の視点

この単元を最速で伸ばすオキテ

□「言葉・文化」を扱った文章では、具体的な事例を通して、文化とは何か、文化や言葉に対する筆者の考えや意見を問われることが多い。

□文化とはそもそもどういうことか、言葉と文化の関係性など、基本的なことを知っておくことで、文章をスムーズに読むことができる。

覚えておくべきポイント

□**文化と文明の違い**

- 文化……学問や芸術、宗教など、人間の精神的活動によって生み出される価値のあるもの。
- 文明……人間の知恵や知識が進んで、物質的・精神的に生活が豊かになった状態。また、「文化」に対して技術的・物質的な便利さや快適さのこと。

さらに「文化」とは、学問や芸術、宗教以外にも、それぞれの民族や住んでいる地域、社会に根付くさまざまな行動様式や生活様式など、私たちの生活の中で身近な立ち居振る舞いを指すこともある。

□**言葉と文化**

それぞれの文化の特徴を表すものの一つとして、「言葉」がある。私たちは言葉を通じて多くの人々とコミュニケーションをとり、それぞれの文化を理解しようとするため、言葉と文化は密接な関係にあるといえる。

□**筆者の考えや意見**

「言葉・文化」を扱った文章では、日本と外国（主に西洋）との違いなどから、筆者が伝えたいテーマが表されていることが多い。


例 日本の庭園……自然のありのままの姿を重視し、朽ちていく様子も受け入れることが多い。

西洋の庭園……自然を加工し、左右対称に配置することが多い。

↓それぞれの特徴を比較し、日本の文化に対する筆者の見解を述べる。

先輩たちのドボン

□**比較されているもののどちらか一方だけを踏まえて、筆者の考えや意見とする**

二つ以上のものが比較されている場合、どれか一つだけを良いとするのが筆者の考えや意見とは限らない。筆者はそれらを比較したうえで、それぞれの良さを認める場合や、新たな見解を示す場合もある。比較されている内容と、筆者の考えや意見、それぞれをくわしく読み取ろう。

1 問題演習

次の文章を読んで、あとの問いに答えなさい。なお、1～6は段落の番号を表している。〈茨城県〉

1 アジアの街では、藁や木でできたこぢんまりとした家が長屋のように並んでいます。一般的にアジアの人種はヨーロッパや中東の人々に比べて身長が低く、胸も薄く体格全般が小柄です。そんな体格に合わせるかのように住居も小さめです。アジアの極東にある日本の伝統家屋も天井は低く、木と草（畳）と紙（障子、襖）で作られています。こうした建物では声はまったく響きません。響かないと喉に力が入り、胸ではなく喉の上方で響きを作る発声になります。ヨーロッパの人々の声が石によって作られた声なら、日本人の声は木と紙によって作られた声だといえるでしょう。

2 ところで先に※1「声の価値観」という言葉を何気なく使いましたが、どの国、どの地域にも、それぞれの場所に根差した「声の美意識」というべきものがあります。ヨーロッパの声の美意識は「低く深く響く」ことにあり、中東では「甲高く情熱的」であることにあります。その中で、日本人の伝統的な声の美意識はというと、面白いことに「雑音」にあるのです。

3 西洋から東洋に向かうほど街がうるさくなる、とはよくいわれることです。西洋の建物では音が響くので、一つ一つの音を研ぎ澄ませ、雑音を排してきました。街の中にも必要最小限の音しかありません。そんな音に対する意識は楽器にも反映され、一つ一つの音が澄んで正確な※2ピッチで出るように設計されています。だから和声や合唱、合奏のハーモニーを生み出せたのです。

4 [A]、東洋の街にはさまざまな音が溢れ、澄んだ正確な音が作られないために、ハーモニーは生まれませんでした。中国も韓国も日本も、ハーモニーのある合唱や合奏を行うようになったのは西洋の音楽が入り込んでからのことです（日本では西洋音楽が正式に導入された明治以降から。雅楽など伝統的な合奏は複数の楽器が一緒に奏でているだけで、ハーモニーではない）。住居も防音効果のある石ではなく、紙と木という家の外でも中でも音が筒抜けになる素材で作られてきたので、雑音はどこにでも入り込みます。日本人が虫の音を愛するのも、外と内が隔絶されておらず、自然の音や空気が簡単に家の中に入り込む環境だったからでしょう。ヨーロッパの人々が雑音として排したものが、日本人にとっては風情として好ましく受け入れられました。日本人は静まりかえったところにポーンと響く澄んだ音よりも、そこここにある雑音に価値を見いだしたのです。

5 大陸から渡来した楽器もわざわざ雑音を出すように改造さ

れました。三味線には「サワリ」といって弦が触れるたびに雑音を出す仕組みがあります。笛類は風のような音を出したり、あるいは異物を入れることでわざわざ澄んだ正確な音程を出せないように作られたりしました。［B］、ハーモニーがない代わりに、雑音をまとわせることで表現力を生み出したのです。

6 そんな音の美意識は、やはり雑音の入った声に［I］を見いだしました。天井が低く響かない住居で人の耳目を集めるには、声を一段と高く張り上げるか雑音を際立たせるかしかありません。張り上げた声は、その喉の状態が相手にも伝わるので不快感を与えます。そこで雑音をほどよく混ぜた声が説得力を持ったのです。その一例として、※3辻弁士や※4バナナのたたき売り、※5がまの油売りなど、街角で人々を集める※6口上には独特のリズムと多くの雑音が入っています。

（山崎広子『声のサイエンス　あの人の声は、なぜ心を揺さぶるのか』より）

※1　声の価値観＝右の文章では、「声の美意識」と同じ意味で使われている。
※2　ピッチ＝音の高さ。
※3　辻弁士＝道ばたで演説などをする人。
※4　たたき売り＝道ばたで、商品を置いた台などをたたき、大声で呼びかけ次第に値を安くして商品を売ること。
※5　がまの油売り＝ヒキガエルの皮膚からでる分泌物からつくったという民間薬を売る人。
※6　口上＝あいさつや商売などで言う、一定の形式に従った、ひとまとまりの言葉。

問一　本文中の［A］と［B］に入る言葉の組み合わせとして最も適切なものを、次のア〜エから一つ選びなさい。

ア　A　例えば　B　しかも
イ　A　確かに　B　むしろ
ウ　A　結局　B　よって
エ　A　一方　B　つまり

〔　　〕

よくでる

問二　日本人の伝統的な声の美意識はというと、面白いことに「雑音」にあるのですとあるが、日本人が「雑音」に美意識を感じるようになった事情を四十五字以上、五十字以内で説明しなさい。（句読点を含む。）

ただし、「紙と木」「環境」「価値」の三つの言葉を用いて書くこと。

問三　本文中の［Ⅰ］に入る最も適切な言葉を、本文中から三字で抜き出して書きなさい。

思考力

問四　国語の授業でこの文章を読み、まず、西洋の声の美意識について考えることになった。そこで、各自が1～3段落の内容を表にまとめ、更に理解を深めるためにQ＆A（問いとその答え）を作成した。次は、ある生徒の【ノートの一部】である。［　］に入る答えの根拠となる一文を、問いの文章中から抜き出して、そのはじめの五字を書きなさい。（句読点を含む。）

【ノートの一部】

西洋の声の美意識について

段落	話題	分かること
1	発声	石によって作られた声
2	声の美意識	「低く深く響く」こと
3	街の音	必要最小限の音 ［楽器…澄んだ音 正確なピッチ

Q＆Aによるまとめ

Q1　声が「石によって作られた」とは、どのようなことか。

A1　声が石造りの住居から影響を受けたということ。

Q2　街の中にも「必要最小限の音」しか存在しないのは、なぜか。

A2　［　］

3 家族（文学的文章）

栄光の視点

この単元を最速で伸ばすオキテ

☑「家族」を扱った作品では、家族との関係による主人公の複雑な心の動きが問われることが多い。

☑主人公の心の動きをとらえるために、

①主人公と家族がそれぞれどのような人物であるか。

②主人公がどのような出来事に遭遇するのか。

③主人公と家族がどのように関わっているのか。

④②③を通じて、主人公はどのように成長するのか。

といった内容を丁寧に読み解く必要がある。

覚えておくべきポイント

☑**登場人物の性格**

登場人物の性格は、直接的な言葉以外にも、それぞれの言動などからも読み取ることができる。

例 父は真面目で、いつも笑っている優しい人だった。

↓真面目、優しい

例 なかなか泣き止まない妹に困っていると、父がそっと優しく僕たちに声をかけた。

↓子どものことを気にかけて、優しい

例 父は仕事でどんなに帰りが遅くなったときでも、次の日の朝は必ず早起きをして、僕たちと一緒に朝食を食べるのが日課だった。

↓真面目、家族思い

☑**主人公と家族の関係性**

「家族」を扱った作品では、主人公と家族の関係性が、ある出来事をきっかけにマイナスの状況（心情）からプラスに変わることが多い。

例 大人になりきれない主人公
←
家族からの干渉を受ける主人公
←
家族との会話、やりとりを通じた主人公の成長

先輩たちのドボン

☑**「前書き」をしっかりと読まない**

本文のはじめにある「前書き」にも着目する。特に「家族」を扱った作品では、前書きに登場人物の性格が端的に説明されていたり、主人公と家族とのこれまでのやりとりなどがまとめられていたりする。それらをしっかりと読むことで、本文が読みやすく、そして問題が解きやすくなる。

☑**主人公の視点で描かれていると思い込む**

作品によっては、全体もしくは一部が主人公以外の家族の視点で描かれているものもある。その場合、誰の誰に対する心情なのかなど、丁寧に読み取る必要がある。

1 問題演習

次の文章を読んで、あとの問いに答えなさい。〈福島県〉

（小学六年生の蓮見宝（はすみたから）は、「くすのき剣道クラブ」に所属し、同級生の阿久津善太（あくつぜんた）と互いに競い合って活動してきた。夏休みの終わり近くに行われた団体戦で、宝と善太はそれぞれ強敵相手に勝利したものの、その後、宝は稽古を休むようになった。）

「宝、ショックだったんだろう。」

おどろいて父親を見上げると、静かなまなざしが返ってくる。

「お母さんが撮ってきてくれた、この前の団体戦のビデオ、お父さん何度も見た。反省会のあとも、ずっと見てる。初戦の宝の相手、中学生みたいに大きい子だったな。よく一本取った。最後のほうの宝の動きは、とってもよかった。」

恒例の反省会のときにも、同じようにほめられた。だけど喜べなかった。

「でも、そのあとの阿久津くんは、もっとよかった。」

宝は口を引き結んだ。そうだ。それが、わかっていたからだ。

「注1試合巧者な対戦相手に、まっすぐぶつかっていって、力で勝った。大将のプレッシャーもあったろうに、みごとだったな。しかもあの相手は、宝が前に個人戦で二本負けした子だ。宝、見ててショックだったろう。今も、もやもやしてるだろう。それは嫉妬だ。自分のほうが阿久津くんより上だって、負けてないって、宝は心のどこかで思ってたんだよ。」

すうっと、胸が冷えた。

確かにショックだ。

ずっと持て余していた感情に、1勝手に、名前をつけられてしまったことが。

「ようやく、くやしいって感じただろう。」

そこで父親のスイッチが入った。前傾姿勢になり、両腕を横に大きく広げる。

「くやしいよな。だから宝は阿久津くんとけんかして、剣道からも逃げてるんだよな。その気持ちはよくわかるよ。でもそれじゃあだめだ。立ち向かわなきゃ。阿久津くんとはちがう稽古をして、負かしてやろうじゃないか。お父さんも協力する。なっ。だからよその道場で。」

「くやしくない。」

血を沸騰させる勢いで語っていた父親が、ぴたりと止まる。

「宝、まだそんなことを。」

近寄ろうとした父親から、素早く下がって間合いを取り、注2両目の横を手で覆う。

「お父さんが、くやしがるから。」

「え？」

「お父さんは、くやしがらないで。怒らないで。がっかりもしないで。」
[注3]遠間に立ったまま、宝は言った。
「ぼくよりも、がんばらないで。」

剣道だけではない。宝の交友関係でも、勉強でも、ゲームにおいてさえ、親は宝以上に一喜一憂し、あれこれと必死になってしまう。

宝の立つ試合場に、いつもいつもいつも、父親が竹刀を持って入ってきて、ひどいときには相手を背中から斬ってしまうのだ。

そんなのはもう、宝の戦いではない。勝とうが負けようが、心は少しも動かない。

「それは、どういう意味だ？」

問われ、宝は言いよどんだ。舌が勝手に縮(ちぢ)こまる。無理やり動かそうとすると、臆病な自分がささやいた。『いつもみたいに黙っていようよ。』『きらわれちゃうよ。』『お父さんがかわいそうだよ。』と、何度も何度も。

でも、自分から声を出さないと。自分から挑んでいかないと。

それで流れが変わったのを、一度、経験したのだ。

顔から手を放し、父親を見る。心の中で構えた竹刀を、大きく振りかぶった。

「つまんない、よ。」

一刀。

父親はゆっくりと一歩下がり、机に後ろ手をついて寄りかかった。でも、宝から目はそらさない。

まだ、終わっていない。宝は意識して、肩ではなくお腹(なか)に力をこめる。

「稽古、一生懸命、がんばるから。」

「それで？」

「次の大会は、阿久津くんより、いい結果出す。負けない、から。」

「だから？」

「だから、くすのき、やめない。[2]お父さんの協力も、もう、いらない。」

「いらないのか。それでも宝は、強くなれるのか？　まっすぐ、元気に、勇敢に戦えるようになるか？　ちゃんと成長して、変わっていけるか？」

強い口調で畳みかけられる。宝は首を振った。

「なりたい自分は、自分で、決める。」

示されなくても、ちゃんと知ってる。

沈黙が落ちる。重くて息苦しい雰囲気に、ごめんなさいと言いたくなるのを必死にこらえる。


（落合由佳(おちあいゆか)『流星と稲妻』より）

注1　試合運びの上手な人。
注2　宝が心を落ち着かせ、集中するときの癖。
注3　剣道における間合いの一つ。

問一　「[1]勝手に、名前をつけられてしまった」とあるが、それはどういうことか。三十字以内で書きなさい。

よくでる

問二　「[2]お父さんの協力も、もう、いらない。」とあるが、宝が父親の協力を拒むのはなぜか。六十字以内で書きなさい。

問三　本文の表現の特色を説明した文として最も適切なものを、次の**ア**〜**オ**の中から一つ選びなさい。

ア　父親の宝への発言が少なく宝の父親への発言が多くなっていることで、親子である二人の性格や態度の違いが伝わってくる。

イ　身振りや手振りを加えながら話す父親の様子が描かれることで、普段は冷静な父親が珍しく動揺していることが伝わってくる。

ウ　父親と宝の発言が短い言葉で常に交互に展開することで、相手を傷つけないように言葉を選ぶ二人の優しさが伝わってくる。

エ　父親と宝との距離や二人の視線の様子が描かれることで、真剣に思いをぶつけ合う二人のやりとりの緊張感が伝わってくる。

オ　剣道に関することだけでなく日常の場面での父親と宝の関係が描かれることで、父親に対する宝の信頼の強さが伝わってくる。

〔　　〕

4 自然・科学（説明的文章）

栄光の視点

この単元を最速で伸ばすオキテ

「自然・科学」を扱った文章では、自然と人間の関わりや科学技術と社会のあり方、環境問題などがテーマとして挙げられ、それらに対する筆者の考えや意見を問われることが多い。

それぞれのテーマにおける基本的な知識を身につけることで、より専門的な文章でも、その内容を読み取りやすくなる。

覚えておくべきポイント

自然と人間との関係

自然と人間との関係を考えるときの基本的な知識として「生態系」がある。生態系とは、生物と生物を取り巻く自然環境のことである。

◉生態系のしくみ

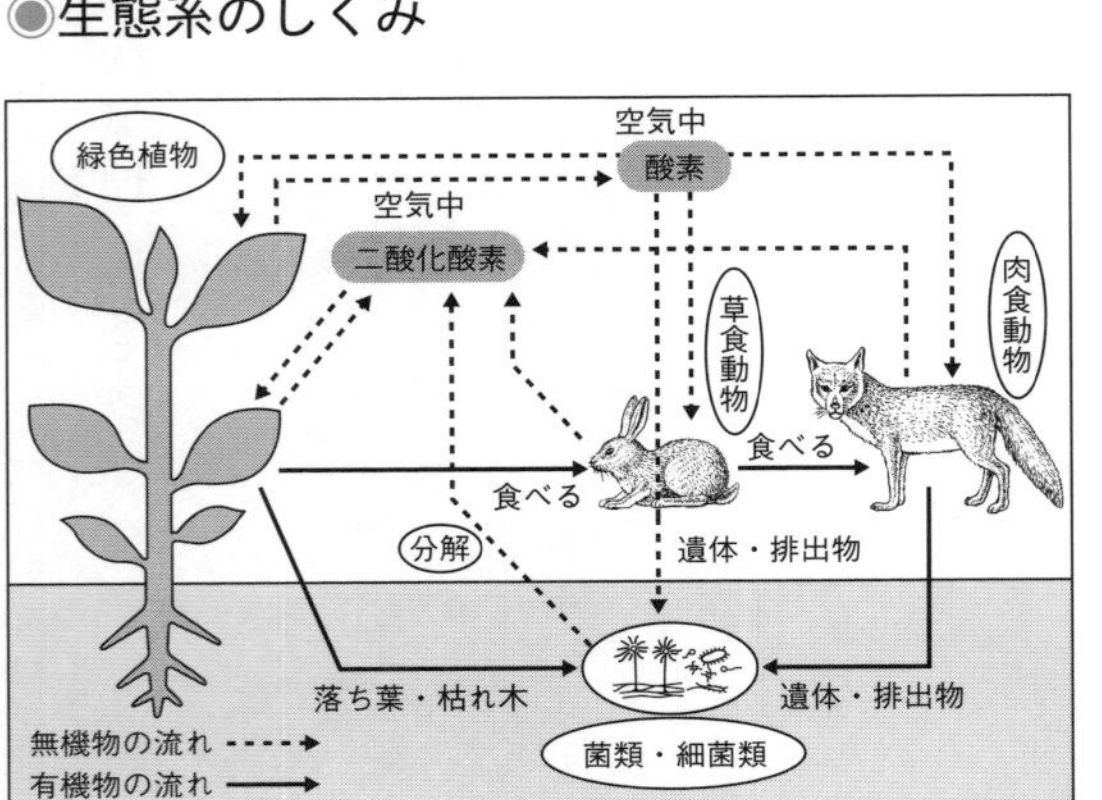

科学技術と社会

これまで科学技術は、私たちの生活を豊かで便利なものにするなど、社会に大きな影響を与えてきた。しかし、そのような科学技術の発展に伴うさまざまな問題も生じており、今後、科学技術をどのように管理していくのかなど、科学技術と社会のあり方が問われている。

環境問題

先進国における、自然よりも人間優位の考え方は、科学技術の発展と共に、多くの環境問題を引き起こしてきた。

例　地球温暖化、生態系の破壊、砂漠化、エネルギー問題

最近では、自然を保護するだけでなく、自然を持続的に利用・開発するためにさまざまな取り組みが行われている。

先輩たちのドボン

語注をしっかりと把握しない

「自然・科学」を扱った文章では、専門的な言葉が使われていることが多く、そのような言葉には語注がつけられている。語注をしっかりと読まないでいると、本文でどのようなことが述べられているのか途中でわからなくなってしまう。

語注がつけられた言葉の意味は、本文の最後にまとめて挙げられているので、本文を読み進めながら、しっかりと確認して、その意味を把握しよう。

問題演習

1

次の文章を読んで、あとの問いに答えなさい。〈新潟県〉

　科学研究の第一要件は知識を創出することにある。特に、自然を相手にする科学においては、物質の構造・運動・反応性・質的変化・他との関係性・歴史性などを追究し、そこから得られる原理や法則に関して新しい発見がなくてはならない。それがいかに些細（ささい）で取るに足らない事柄であろうと、①新事実である限りでは尊重される。それらの新事実の積み上げがあって初めて科学が成り立つのだから。一つのノーベル賞級の超一流の仕事には一〇〇の一流の仕事があり、一つの一流の仕事には一〇〇の名も知れない仕事の積み重ねがある。このように科学の成果は階層構造をなしており、発見の大小の差はあっても一つ一つがピラミッドの一角を構成している。そのいずれもが、人間が獲得した自然に関する新しい知識なのである（むろん、失敗例にも価値がある。それによって再び同じ失敗を繰り返さないからだ）。

　科学の研究の発端は、科学者個人の好奇心に基づいている。「なぜそうあるのか」を問い質（ただ）そうとする心の働きである。アインシュタインは子どもの頃、磁石の動きを見てその不思議さをずっと忘れないでいたという。アインシュタインならずとも、見えない部分で何が起こり、どのような仕組みが働いているのかを知りたいと誰しもが思う。それは人間が獲得した未知のものへの探究心であり、何とかしてその謎を明らかにしたいという願望が研究に駆り立てるのである。

　そこには想像力が重要な役割を果たしている。科学の発想は想像力に基づく「仮説」が出発点となるからだ。「仮説」は現象を統一的に説明できるよう設けた仮定のことであり、最初の段階では何らの根拠を持たない。その意味では、出発点において科学は芸術と何ら変わるところはない。想像力を駆使して新しい着想を得る点では全く同じであるからだ。このような発想が起こるに際して、実験による現象を見て、思考実験によって、旧理論の矛盾を見つけて、単純にこうあれば面白いと感じてなど、さまざまな契機がある。また、思いつき、勘、インスピレーション、ひらめき、セレンディピティー（偶然の発見）、というような何とも形容しがたい心的過程を経ており、その背景には見えない部分で起こっている事柄に対する②意識せざる想像力が働いていると考えてよいだろう。

　そのような些（いささ）か漠とした想像が土台となり、そこから論理を組み立てて筋道をつけ、実験や理論の構築へと進んでいく。その思考過程においては、常にある種のイメージを頭に生起させて試行錯誤を続けている。そのイメージと実際の計算や実験結果に齟齬（そご）が生じた場合、想像していた仮説を変更するか、論理の筋道を辿（たど）り直すか、計算や実験を再構築するか、のフィードバックが入る。ここにおいて科学者は真実に忠実である。例えば、仮説が間違っていると気づけば、それに固執するのではなく、素直に変更する。イメージ通りでなければ必ず違和感を持つから、潔く新しい仮説に乗り換えもする。この作業も芸術家に似て極めて感覚的なように見えるが、論理に従うとは③そのような過程が自然に進むということでもあると言える。

つまり、知識の創出においては、好奇心によって問題に気づき、想像力によって仮説を抱き、論理性によって筋道を鍛え上げるというプロセスをとっており、その各々の能力が科学研究者の要件となるのだ。

ところで、研究者の純真な意識において科学はいかなる意味を持っているだろうか。その第一は、純粋な好奇心のみに基づいた探究の欲求である。自然の法則を明らかにしたいとの一念で謎に挑んでいるからだ。結果やその応用については何ら気にせず、［A］名声や褒賞への欲望もなく、ひたすら研究に集中する。「科学のための科学」に殉じているのだ。「文化としての科学」と言っていいかもしれない。科学は文化の一部門として、主として人々の精神的活動に寄与するためである。

その意味では純粋ではあるが、危うさもある。パンドラの箱と同様、箱を開けることのみに夢中になって、そこからどのようなものが飛び出してくるかについて一切頓着しなくなるからだ。そして、自分が創り出したものがいかに醜悪で害悪を与えるばかりではあっても、それを研究する自由はあって誰も阻止できないと言い、その使い方は社会の選択だから自分には責任がないと嘯くことになる。それは無責任だと言えるのではないだろうか。社会と切り離された科学はないからだ。科学者も社会の一員であり、その選択に関与しているのは確かで自分に責任はないと言えないのである。

（池内了『科学・技術と現代社会』より）

（注）○思考実験＝考えの上で、ある実験方式を想定し、そこからどのような結果が得られるかを吟味すること。
○齟齬＝物事がうまくかみあわないこと。
○褒賞＝ほめたたえること。また、そのしるしとして与える金品。
○パンドラの箱＝予想できない災いや困難の根源。
○嘯く＝平然として言う。

問一　――線部①とはどういうことか。具体的に述べている部分を、文章中から二十字以内で抜き出して、書きなさい。

問二　――線部②とはどのようなものか。その説明として最も適切なものを、次のア～エから一つ選びなさい。

ア　科学の論理を組み立てようとするときに、従来の理論を受け継いで発展させようとして、無意識に働く想像力。

イ　想像力を駆使して科学の新しい着想を得ようとするときに、未知の事柄に迫ろうとして、無意識に働く想像力。

ウ　科学は新しい発見が求められる分野であり、その新しさを論理的に立証しようとして、無意識に働く想像力。

エ　芸術と同じ発想から始まる科学の思考過程において、より美しいものを創出しようとして、無意識に働く想像力。

〔　　〕

よくでる

問三　――線部③とはどういうことか。七十字以内で書きなさい。

問四　文章中の A に最もよく当てはまる言葉を、次のア～オから一つ選びなさい。

ア　むしろ　　イ　つまりは　　ウ　やはり

エ　ましてや　　オ　ところが

〔　　〕

思考力

問五　筆者は、科学を研究する人たちには、どのようなことが必要だと述べているか。文章全体を踏まえ、百字以内で書きなさい。

5 日常の出来事（文学的文章）

栄光の視点

この単元を最速で伸ばすオキテ

「随筆（ずいひつ）」とは、筆者自身が体験したり、見聞きしたりしたこと（日常の出来事）について、自由に意見や感想を述べた文章のことである。

随筆では、事実の部分と、筆者の意見・感想の部分とを正確に読み取ったうえで、最終的にその文章で筆者が述べたいこと（＝主題）を問われることが多い。

覚えておくべきポイント

随筆の文章構成

随筆では、次のような文章構成がよく見られる。

①はじめに筆者自身が体験したり、見聞きしたりしたこと（＝事実）を述べ、そのあとに筆者の意見や感想、そして主題を述べる。

②主題ははっきりと述べずに、筆者自身が体験したり、見聞きしたりしたこと（＝事実）を話題として述べ、意見や感想の中に主題のような内容を含む。

③はじめに主題を述べ、それに関する具体的な例として、筆者自身が体験したり、見聞きしたりしたこと（＝事実）を述べる。

随筆は「自由に」意見や感想を述べることができる点に注意しよう。

「随筆」における主題

随筆では、説明的文章に比べて抽象的表現が多く、主題をつかみにくい場合がある。しかし、随筆も説明的文章と同じように、文章の最後の段落や、段落の最初や最後の一文に筆者の最も言いたいことが述べられていることが多い。

「随筆」における論の展開

随筆は論の展開を自由に行うことができる。例えば、過去からさかのぼった内容を述べる説明的文章では、過去→現在→未来という時間の流れにそって論は展開する。しかし、随筆では、この時間の流れを乱してもよい。現在を記述している中に、過去の回想を差しはさむこともある。どこで場面が変わっているのか、注意して読み取ろう。

先輩たちのドボン

筆者自身が体験したり、見聞きしたりしたこと（＝事実）と、筆者の意見や感想を混同する

事実と意見や感想を混同してしまうと、主題をうまく読み取ることができなくなる。そのため、文末の表現などによって、事実なのか、意見や感想なのかを判断する必要がある。「〜だ」「〜である」などの言い切りの形は事実、「〜と思う」「〜と感じる」「〜だろう」といった表現は意見や感想である。

1 問題演習

次の文章を読んで、あとの問いに答えなさい。〈大阪府・改〉

辺りは春めいてきて、公園や遊歩道沿いの白梅や紅梅はもう盛りを過ぎた。わが家の和室の前にも一本の梅の木があって、これは今ちょうど満開だ。

この梅は一昨年の今ごろ植えたものだ。以前その場所には白いハナミズキがあって、五月になるとそれはそれはきれいに咲いていて、遠くからでも人目を惹いたし、僕も内心自慢に思っていた。それが三年前の強風で倒れそうになり、人に頼んで竹でしっかり支えてもらったが、根がやられたのだろう、ついに枯れてしまった。その後釜だからと、(注1)千鶴子と植木屋に出向いて①吟味して選んで植えたのが、この豊後梅なのだ。

こんなことがあって梅の花に関心をもつようになったのか、今年はあちこちの梅をじっと眺めることが多かった。

実をいうと、僕はこれまで梅の花にはあまり関心がなかった。むしろ桜の方がきれいだと思っていたし、好きだった。だから、何年も前のこと、誘われて熱海の梅園に行ったときも、これといって感興はわかなかった。地元の(注2)偕楽園の梅が有名で、毎年大勢の客で賑わうことは知っていても、行きたいと思ったことは一度もなかった。

でも、今は違う。梅も心から美しいと思うし、好きになった。この心境の変化のもとはといえば、ちょっとした「発見」である。

桜は近くで見てもきれいだが、なんといっても、一斉に咲き揃う直前の一本の大木全体を、少し離れたところから見上げるのが一番よい。それも、よく晴れた青空を背景にしていて、しかも視野の一画に松かなにかの常緑樹があれば最高。「艶やかな圧巻」という表現がぴったりの美しさである。桜は全体の美である。

僕はこれまで、梅に対しても同じ見方をしていたように思う。少し離れたところから梅の木全体を眺めると、僕の眼には決して美しいとは映らない。むしろ薄汚れていて、貧弱でさえある。こんな花をわざわざ遠くまで見にいく人の気が知れない、などと思ってしまうほどだった。

しかし自分の庭に梅を植えてからは、季節が近づくとその開花が気になって、固い蕾のうちからまだかまだかと催促するような思いで、目のすぐ前まで近寄ってはじっと見つめるようにしてきた。そして、少しずつ膨らんできて、ついに最初のいくつかが開いたときには、心から美しいと思い、感動した。これまでにない新しい感動であった。

桜は花の量が圧倒的に多いから、近くても遠くてもきれいな桜色に見える。梅は桜ほど花の量が多くないから、離れて見ると、黒っぽい幹や枝とクリームがかった花がちぐはぐな(注3)いまぜになって、全体としては地味で薄汚れた感じになってしまう。

　ところが梅を近寄って見ると、一つひとつの花が整った輪郭とともに目に入って、清楚（せいそ）な美しさを見せてくれる。それに幹や太い枝から直角に分かれた細い枝々が、あたりに突きささるように鋭く真っ直（す）ぐに伸びて、存在感を顕（あら）わにしている。花と枝はそれぞれが対等に自己主張して、明確にコントラストする。それでいて渾然（こんぜん）と一体となって、しっとりとしたバランスを醸（かも）し出しているのには感じ入る。

　開いた花には、頂上に登りつめたときの晴れやかな表情がある。開花寸前の蕾は、もう咲いた隣の花を横目に、懸命に開花を急いでいるかのようである。まだ固い蕾は、おれの番はまだ先さ、と妙にすましているようなところがある。一つひとつの花や蕾にそれぞれの表情があって面白い。

　それに、梅には桜にない香りもある。近寄ると、淡い香りが花と一体となって、美の次元を一層深いものにしているように思われる。

　梅は近くで見るべき花なのだ。「個の美」とでもいえばよいだろうか。

　全体の美と個の美。それによって見方も違う。これが僕のちょっとした「発見」である。


（池上晴夫『木の時間』による）

（注１）千鶴子……筆者の妻の名。
（注２）偕楽園……茨城県水戸（みと）市にある公園。梅の名所として知られる。
（注３）ないまぜ……いろいろなものが一つにまざりあっていること。

問一　①吟味して　とありますが、このことばの本文中での意味として最も適切なものを、次のア〜エから一つ選びなさい。
ア　思わずうなって　　イ　念入りに調べて
ウ　すばやく確かめて　　エ　大まかに見積もって
〔　　〕

問二　本文中で述べられていることがらと内容の合うものを、次のア〜エから一つ選びなさい。
ア　筆者は、自宅の庭にハナミズキを植えていたが、枯れてしまったので、かわりになるものを人に頼んで選んでもらった。
イ　筆者は、桜の花だけでなく梅の花もきれいだと思うようになってから、初めて熱海の梅園を訪れ、美しい梅の花を楽しんだ。
ウ　筆者は、以前は梅の花にあまり関心がなかったが、自宅の庭に梅を植えてからは、その梅の開花を心待ちにするようになった。
エ　筆者は、偕楽園が毎年大勢の客で賑わうことは知っていたが、自宅の和室から眺める梅に満足していたので、行きたいとは思わなかった。
〔　　〕

問三 本文中で筆者は、どのようにすることで、「艶やかな圧巻」と表現するのにふさわしい桜の美しさを味わうことができると述べていますか。その内容についてまとめた次の文の［　］に入る内容を、本文中のことばを使って**四十五字程度**で書きなさい。

> よく晴れた青空を背景にして、［　］ことで、「艶やかな圧巻」と表現するのにふさわしい桜の美しさを味わうことができる。

思考力

問四 梅を近くから眺めるときに筆者が感じていることについて、本文中で述べられている内容を次のようにまとめました。［a］、［b］に入れるのに最も適切なひとつづきのことばを、それぞれ本文中から抜き出しなさい。ただし、［a］は**十三字**、［b］は**十一字**で抜き出すこと。また、［c］に入る内容を、本文中のことばを使って**十字程度**で書きなさい。

> ・整った輪郭をもつ花が［a］うえに、真っ直ぐに伸びる細い枝々が［b］。そして、花と枝が対照をなしつつ渾然と一体となって、しっとりとしたバランスを醸し出していることに感心する。
> ・開花の度合いに応じて、花や蕾にそれぞれの表情があることに興味をひかれる。
> ・花と［c］ことによって、美の次元の深まりが感じられる。

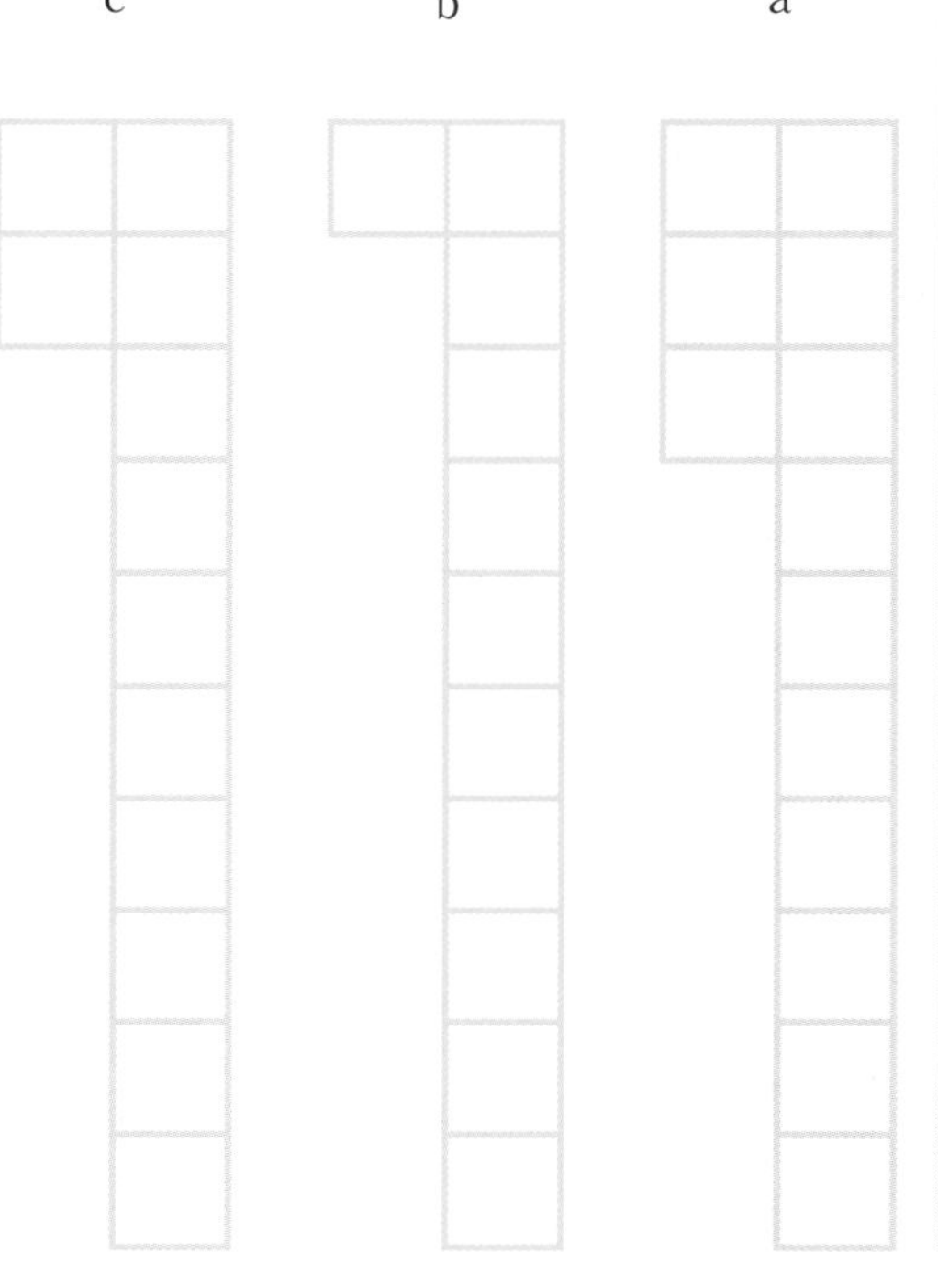

6 社会・生活（説明的文章）

栄光の視点

この単元を最速で伸ばすオキテ

「社会・生活」に関する文章で多い題材には、「経済」「国際化」「政治」など、私たちにとって身近でありながら、十分に理解できていない事柄が挙げられる。

また、人間が、他者と関わりながら社会生活を営むことの意義、そのうえで大切な事柄が題材となることも多い。

「経済」や「政治」といった事柄が題材となっている文章は、難しいと感じる人も多いだろう。基礎知識を知っておくことが、文章の読み取りの手助けとなる。

覚えておくべきポイント

消費社会

社会が物質的な「豊かさ」を求めるようになり、企業は利益を追求するようになった。その結果、大量に生産を行い、大量に消費することで「豊かさ」が実現される社会が誕生した。このような文章では、「物質的な豊かさ」が「真の豊かさ」なのかという問題提起が行われたり、大量生産・大量消費による環境破壊が指摘され、今後人間はどうあるべきかが論じられたりすることが多い。

グローバリゼーション

「グローバリゼーション」とは「世界化」という意味。国家や国境を飛び越えて、経済活動や政治、文化などが世界規模で展開すること。しかし、グローバリゼーションは、極端にいえば資本主義が世界全体に広められ、世界が均一化されてしまうことにつながる。従来欧米の資本主義になかった社会が、急速に資本主義化することの問題が論じられることが多い。

コミュニケーション

「コミュニケーション」とは「情報伝達」という意味。他者と関わり合って社会生活を営む人間は、他者と意思疎通を図らなければならない。意思や感情、情報などを他者に伝達したり、交換したりするのがコミュニケーションで、その手段は多岐に渡る。コミュニケーションが題材となっている文章では、何によって人と人がつながるか、それによって、どんな効果があるかが指摘され、コミュニケーションの重要性について論じられることが多い。

先輩たちのドボン

題材が難しくて、文章を正しく理解できない

題材に関する重要なポイントを知っておくこと。ポイントがわかっていれば、何も知らない状態より、格段に文章を読み取りやすくなる。

問題演習

1 次の文章を読んで、あとの問いに答えなさい。〈群馬県〉

※

テストでいい点を取って親にほめてもらうとか、大きな契約を取ってきて上司にほめてもらうなどが、「ほめる」の本来の使い方だと思います。「ほめる」ことはこのような限定した場面だけではなく、私たちの日常の暮らしの中では、いろいろなところで用いられるとてもありふれた行動だと私は思っています。

「ありがとう」という感謝の言葉はまさに「ほめる」ことです。「ありがとう」は相手の行為に対して感謝すると同時に、その行為を素晴らしいものとして、賞賛するときに用いる言葉です。だから、「ありがとう」と言ってもらえると「ほめてもらえた」とも思えるのです。「ありがとう」の言葉がなくても、ニコッと笑顔を見せるだけでも「ほめる」ことになると思います。だから、口先だけで表情の伴わない「ありがとう」は感謝を表すことにも、ほめることにもなっていないと思います。

「うなずく」という動作があります。賛成や同意を表す動作ですが、これも「ほめる」に通じると私は思っています。授業や講演をしているとき、学生や聴衆の方々が首をたてに動かすことが全くなかったらとてもやりづらくなるはずです。会話の際も同じです。子どもが話しているとき、親のうなずきや「ふーん」とか「そうなの」などの相づちがなかったりすると、子どもは楽しくないはずです。

「うなずき」が無意識に行われる行動かどうかははっきりしません。話し相手を見ながら、そのヒトの言うことを聞いていて「確かに」と思うときには、すでにうなずいていることが多いというのが、私の実感です。だから、話し手に同意するときは、意識せずにうなずきなどの同意の動作や表情を表出しているときもあると思います。他方、話し手は聞き手のうなずきを意識していなくても、そのうなずきに影響をされることはわかっています。大学生に思いつく英語の名詞を次々に声に出して言う課題を出します。英語の名詞には単数形と複数形があります。複数形のときのみ、聞き手がうなずくのです。そうすると、大学生は複数形を言うことが多くなります。しかも、この簡単な実験に参加した多くの大学生は、聞き手が複数形のときだけうなずいているのに気が付いていませんでした。つまり、ヒト同士の関わりの中で頻繁に表出されているうなずきは送り手も受け手も必ずしも意識しないでやり取りしているということです。しかも、このうなずきが[A]ヒト同士の関わりの潤滑油になるのです。親と子の間ではなおさらのことだと思います。

首をたてに動かして同意を意味する行動様式は、ヒト以外の動物にはありません。ヒトだけが「うなずき」で同意を表現できるのです。私は「うなずき」が生まれたときからヒトが持っている行動、つまり生得的行動なのか、あるいは国や地域、文化の違いに関係なく「うなずき」が肯定や同意を示す動作であるのかは知りません。でも、「うなずき」は「ほめる」ことに通じる行動なので、親と子の間だけでなく、さまざまなヒト同士の関わりを結びつけるとても大事な行動だと思っています。「ただいま」、「お帰り」というやり取りにも、ほめる要素は含まれていると思います。「ただいま」と言って家に帰って来た子に向かって、親が言う「お帰り」は「元気に帰ってきてくれてありがとう、良かった」の意味を含んでいるはずです。「ただいま」と言って私が帰宅したときに、妻が言ってくれる「お帰り」には、今日もお疲れ様でしたの意味もあります。だからどちらの「お帰り」にも、プラスの意味の表情や身振りが含まれており、「ほめる」ことに通じています。B「おはよう」、「こんにちは」などのあいさつのやり取りも同じことです。先に述べた「ありがとう」と同じく、あいさつは言葉だけでなく、表情や手振り、身振りも一緒に表出されます。無表情の口先だけのあいさつは、本来のあいさつの意味が伝わりません。つまり、あいさつはお互いに「ありがとう」を表現し、「ほめる」ことにつながるのです。ヒト以外の霊長類でも「あいさつ行動」と称されるものがありますが、対等で親和的なものと言うよりは、優位、劣位の順位関係などを反映したものであり、ヒトの日常的なあいさつ行動がもっている「ほめる」要素を含んでいないと思います。このように、Cヒトとヒトのさまざまな関わりの中に「ほめる」ことが含まれているのです。

（中道正之（なかみちまさゆき）『サルの子育て　ヒトの子育て』より）

（注）霊長類……ヒトやサルが含まれる、生物分類上のグループの一つ。

よくでる

問一　文中※の部分の本文全体における役割として最も適切なものを、次の**ア**～**エ**から一つ選びなさい。

ア　相反する二つの主張を示し、後の議論を活発にさせる役割。

イ　一般的な意見を示し、後の主張に共感させやすくする役割。

ウ　筆者自身の捉え方を示し、後の展開に読者を導いていく役割。

エ　筆者と異なる視点を示し、後の具体例について考えさせる役割。

［　　］

問二　文中A――「ヒト同士の関わりの潤滑油」とはどのようなものですか、最も適切なものを、次の**ア**～**エ**から一つ選びなさい。

ア　人間と人間の関係を一時的に修復するためのもの。

イ　人間と人間の関係を機械的に進めていくためのもの。

ウ　人間と人間の関係を限りなく拡大させるためのもの。

エ　人間と人間の関係を滞りなく成り立たせるためのもの。

［　　］

問三　文中B――「「おはよう」、「こんにちは」などのあいさつのやり取りも同じことです」とありますが、「おはよう」、「こんにちは」などのあいさつのやり取りは、何とどのような点で同じであると筆者は述べていますか。五十字から七十字程度で書きなさい。

思考力

問四　文中C――「ヒトとヒトのさまざまな関わりの中に「ほめる」ことが含まれているのです」とありますが、このことについてあなたが考えたことや感じたことを、自分の経験と結び付けて、百四十字以上、百八十字以内で書きなさい。

※実際の入試問題と、解答欄の一行あたりの字数や全体の行数が異なる（入試問題は一行20字・9行）。

140

180

7 社会・生活（文学的文章）

栄光の視点

この単元を最速で伸ばすオキテ

- 文学的文章の中で、「社会・生活」について書かれた作品は、随筆に多く見られる。筆者の体験・見聞（事実）を述べたうえで、人間の在り方や生き方、筆者の人生観などが語られる。
- 随筆なので、筆者の体験・見聞（事実）と、感想・意見の読み分けが欠かせない。「どのような事実を通して」「どのような感想・意見を持ったのか」をとらえよう。
- 体験・見聞（事実）のいずれかに筆者は心を動かされ、その結果を、感想・意見につなげていくことが多い。筆者が心を動かされたことは何か、どのように心を動かされたかをとらえよう。

覚えておくべきポイント

琴線に触れる

「琴線に触れる」とは、「見聞きしたことが、心の奥底にある感情を揺り動かす」という意味。よい意味で用いられる。「社会・生活」に関する文章では、琴線に触れるほど筆者の感情が揺り動かされたことが、その後の筆者の生き方・考え方にどのような影響を与えたかをとらえよう。

葛藤

「葛藤」とは、心の中で、対立する二つの感情や欲求が起こり、どちらを選ぶべきかと悩むこと。二つの対立する感情や欲求の中で思い悩んでいることが体験・見聞（事実）の中で語られる場合、どのようなことに思い悩んでいるのか、悩んだ結果、どのような解決に至ったのかをとらえる。そこに、大きな感情の揺れ動きがあり、その感情の揺れ動きが、その後の筆者の人生観に大きな影響を与えた、という文章が見られる。

反省・内省

「反省」とは、自分の過去の言動をふり返って考えること。「内省」とは、自分のしたことや、自分の心の状態によくない点がなかったかをふり返って考えること。似たような意味だが、「内省」は自分の内面を深く掘り下げようとするニュアンスがある。ある出来事についての反省（内省）が体験・見聞（事実）の中で語られる場合、何について反省しているのか、その結果、どのように考えるようになったのかをとらえよう。反省という心の揺れ動きが、筆者の考えに影響を与えたのである。

先輩たちのドボン

筆者が「どのように」心を動かされたのかを間違える

筆者が「何に」心を動かされたかだけではなく、「どのように」心を動かされたのかをとらえることが大切。筆者の「感想・意見」へのつながりを考えながら、何によって「どのように」心を動かされたのかを読み取る。

1 問題演習

次の文章を読んで、あとの問いに答えなさい。設問の都合上、文章を（前半）、（後半）に分けてある。〈島根県〉

（前半）

今、思い返せば私はたくさんのふしぎに囲まれ、①いつも、なぜ?、なぜ?と考えていました。わからないことだらけでした。小学生の時は、れんげの花びらがなぜ間違いなく美しい円をつくるのか、なぜ赤ちゃんは指に桜貝のような美しいつめを間違いなく生やして生まれてくるのか。そんなことをよく考えていました。

中学生になると、なぜ自分は気が付くと、いつも友だちからはなれてひとりになっているんだろうとよく思いました。一方では、社会には、どうしてこれほどに貧富の差があるのか。両親も兄や姉もこんなに働くのに、なぜお盆とお正月の年二回しか白いご飯が食べられないのか。そんなこともよく考えていました。経済的には貧しく育った私の中に、おカネのいらない国として、今は国民総幸福量（GNH）一位の国として有名になった「ブータン」という小さな小さな国の名前が入ってきたのは、六〇年以上も昔のことでした。そんな国で暮らしたいな、と思ったことを私は今もはっきりと憶(おぼ)えています。

ただ、私はそんなふうにわからないことを抱えながら、他人(ひと)に、つまりは先生にも、周りの大人たちにも、その答えを尋ねてみることはしませんでした。すぐに本で調べてみることもしませんでした。問いのまま、あめ玉のように口の中をころがしていた、という言い方が当たっているように思います。いくつものあめ玉が出たり、引っ込んだり。でも、ゆっくりなめながら考えるのは楽しいことでした。今も、そんな人は小学校に限らず、中学校にも、高校にも、大学にもおおぜいいるんだろうな、と思います。問いのまま、他人に質問もせず、他の手段で急ぎ答えを求めることもなく、言ってみれば問いそのものとゆっくり、ひっそりと戯(たわむ)れている人たちが。そして、一〇年、二〇年、ときには三〇年もたって、思いがけないとき、思いがけないところで、答えに出会う楽しさ、嬉(うれ)しさといったら。でも同時に、人が人と縁あって出会ったら、黙っていないで質問すること。それがどんなに互いを近付け結びつけて、新しい世界への扉を開けてくれるかも、私はこれまでの人生で学んできました。

私たちの暮らすこの日本の社会では、どうしてか質問を遠慮する空気が強いようで、私はそれをいつも残念なことだと思ってきました。そんなふうでしたから②勤務先の短大の授業でも、話の途中でも質問してほしいと学生たちに頼んできました。でも、そうしてくれる学生はなかなか出てきませんでした。終わってから、個人的に質問してくるのです。これはずるい、と私はいつも思って、注意もしました。だってそれって答えを一人占めしようということでしょう？　質問するのは、確かにエネルギーのいることだけれど、でも、質問するという労をとって、その収穫を居合わせた人々と分かち合う。それぐらい、お互いしたっていいじゃないか。そう思ってきたのです。

（後半）

先ほども書いたように、質問するにはエネルギーがいります。だってすでにあるものを見つけるのではなく、ないものを見つけなくてはならないのですから。そしてそのためには、相手に関心を持つことが不可欠です。相手に関心を持つからこそ、互いの間にないもの、見つからなかったものを接点として、そこに新しい関係が生まれたり、すでにあった関係がより深まったりするわけです。そうではありませんか。

三〇代に入ってまもないその夜、私は東京での仕事を終えて、最終の新幹線に乗っていました。その日は仕事先で、いつになくつらいことがあって、窓際の席に座った私は、暗い窓の外に目をやって、ひとり涙をこらえていました。

と、一つおいて通路側の席に座った老紳士が、「いかがです」と(注)ポッキーの箱を差し出してきてくれました。

「もう弁当屋もしまって、こんなものしか買えませんでした」

私はお礼を言って、一本いただき、何が話のきっかけだったか、それから私たちは一時間半ほど語らいました。何か研究を続けてこられたらしいその方のお話は面白く、私は次々と質問し、そのひとつひとつに、その方は丁寧に答えてくださいました。やがてその方はおっしゃいました。

「若い人たちがあなたのように質問してくれたらどんなに嬉しいか。伝えておきたいことが山ほどあるのに」

そしてその方は、ドイツやアメリカでの研究生活について、そこで発見した人の暮らしのさまざまなことについても、少しも偉ぶらず、率直に話してくださいました。私の下車駅が近付いて、私は思いきって、お名刺をいただけないか、とお願いしました。いただいた名刺には、某国立大学工学部長の肩書きが印刷されてありました。

その後まもなく、三年ほどフリーだった私は短大に席をいただき、若い学生たちと日々向き合うことになったのですが、私はこの年月、何度この夜の楽しい会話を、そして、若い人たちの質問の少なさを嘆いたこの老紳士のことばを思い出したかしれません。

今はパソコンだけでなく、(注)スマホからでも容易に(注)ネットに接続できるので、他人にものを尋ねるなんてことはしなくてすむんじゃない？　そう考える人が多いかもしれません。でも、質問は何も答えを求めてするだけのものではないんですよね。答えにはついに行き着かなくても、質問したことでつながりが生まれる。だって私たちは全く関心の持てない人に質問するでしょうか。道を尋ねることくらいなら、するかもしれない。でもそれだって、私たちは相手を選ぶものです。そう、そのときすでに私たちは相手に、あなたと接点を持ちたいのですよ、と意識せずとも伝えているのではないでしょうか。人間とは切り離されて別個に答えがあるわけではない。

（清水真砂子『大人になるっておもしろい？』より）

（注）ポッキー…棒状のチョコレート菓子の商品名。
スマホ…スマートフォンのこと。パソコンに準じる機能を持つ携帯電話端末。
ネット…インターネットのこと。世界規模で相互接続されたコンピューター・ネットワーク。

問一 傍線部①「いつも、なぜ？、なぜ？と考えていました。」とあるが、筆者の疑問は、小学生から中学生になるにつれて、どのように変化していったか。その説明として最も適当なものを、次の**ア**～**エ**から一つ選びなさい。

ア 自分自身の内面に対する疑問から、外側の世界に対する疑問へと広がっていった。
イ 身近な事柄に対する疑問から、社会的な事柄に対する疑問へと広がっていった。
ウ 周囲の人々に対する疑問から、自分の家庭環境に対する疑問へと移行していった。
エ 自分の住んでいる国に対する疑問から、他国に対する疑問へと移行していった。

〔　　〕

問二 傍線部②「勤務先の……頼んできました。」とあるが、それは筆者にどのような意図があったからか。傍線部②と同じ段落の言葉を用いて、「～という意図。」に続くように、三十五字以上、四十五字以内で答えなさい。

という意図。

思考力

問三 **（後半）**の内容について、次の1、2に答えなさい。

1 筆者は、質問するためには何が必要だと考えているか。**（後半）**から十字で抜き出して答えなさい。

2 筆者は、質問することにはどのような意義があると考えているか。**（後半）**の文章中の言葉を用いて、次の形式に合うように、十字以上、十五字以内で答えなさい。

質問することには、（十字以上、十五字以内）という意義がある。

8 読書（説明的文章）

栄光の視点

この単元を最速で伸ばすオキテ

筆者が「読書」をどのようなものと定義しているかをおさえよう。「読書」について論じている作品では、まず筆者の考える「読書」について定義づけがなされ、次に「読書」についての筆者の考えが論じられる、という展開が多い。

情報を読み解く力（メディア・リテラシー）の観点から、インターネットと比較する形で、書物について論じられる場合がある。このような文章では、「読書」によって得られる情報のどのような点に、筆者が価値を置いているかをとらえよう。

覚えておくべきポイント

読書は自己形成につながる

読書の利点の一つとして、自己形成への影響を指摘する文章がよく見られる。自分の人格やアイデンティティの形成に影響を与えるのは、自分の人生を左右するような一冊の本との出会いだけではない。さまざまな本を読み、さまざまな考え方に触れることによっても、自分が形作られ、自分の世界観が広がっていくのである。

読書によって自分の客観視が可能となる

読書によって、様々な考え方に触れられることの利点を指摘する文章も見られる。読書を通して多くの考え方に触れることで、多様な物の見方、考え方をすることが可能になり、それが自分を客観的に見ることへとつながるという論の展開がなされる場合が多い。

インターネットの発達と読書

インターネットが発達したことで、容易に情報を入手できるようになったが、インターネット上の情報は玉石混淆（ぎょくせきこんこう）で、正しい情報を得るには、正しい目で取捨選択をする必要がある、といった文章が見られる。このような文章においては、インターネット上の情報と比較する形で、読書によって得られる情報について論じられる場合がある。読書によって得られる情報は、どのようなものだと筆者が定義しているかを押さえたうえで、「読書」についての筆者の考えを読み取ろう。

先輩たちのドボン

筆者の考える「読書」の定義をとらえ間違えている

一言で「読書」といっても、「読書」をテーマにして、何を論じようとしているかは筆者によって異なるし、同じ筆者であっても、文章によっても違うはずである。まず、「この文章における『読書』とはどのようなものか」をおさえることが肝要。

1

問題演習

次の文章を読んで、あとの問いに答えなさい。〈青森県〉

そもそも、頭の中に知識を（注1）インプットするのは何故だろう？　どうして頭の中に入れなければならないのか。それは、咄嗟（とっさ）のときに辞書など引いていられなかったり、人にきくことができない環境であれば、頭にストックしている価値がある。今は、みんながスマホを持っていて、なんでも手軽に検索できるのだから、この価値は下がっているだろう。

であれば、苦労して覚えなくても、ただ辞書を買って持っていれば良いではないか、という話になる。（注2）ネットに依存している現代人の多くが、これに近い方針で生きているようにも見えてしまう。

しかし、そうではない。知識を頭の中に入れる意味は、その知識を出し入れするというだけではないのだ。頭の中で考えるときに、この知識が用いられる。じっくりと時間をかけて考えるならば、使えるデータがないかと外部のものを参照できるし、人にきいたり議論をすることもできるが、一人で頭を使う場合には、そういった外部に頼れない。では、どんなときに一人で頭を使うだろうか？

それは、「思いつく」ときである。ものごとを発想するときは、自分の頭の中からなにかが湧いてくる。これは、少なくともインプットではない。ただ、言葉としてすぐに外に出せるわけでもなく、（注3）アウトプットの手前のようなものだ。面白いアイデアが思い浮かんだり、問題を解決する糸口のようなものを思いついたりする。このとき、まったくゼロの状態から信号が発生する、とは考えられない。そうではなく、現在か過去にインプットしたものが、頭の中にあって、そこから、どれかとどれかが結びついて、ふと新しいものが生まれるのである。

一般に、アイデアが豊かな人というのは、なにごとにも興味を示す、好奇心旺盛な人であることが多い。これは、日頃からインプットに積極的だということだ。ただ、だからといって、本を沢山読んでいれば新しい発想が湧いてくるのか、というとどうもそれほど簡単ではない。おそらく、それくらいのことは、ある程度長く人生を歩んできた人ならご存じだろう。

いずれにしても、いつでも検索できるのだからと頭の中に入れずにいる人は、このような発想をしない。自身が構築した理屈、知識、あるいはその知識から自分の知識、といったものがあって、初めて生まれてくるものだ。そういう意味では、頭の中に入れてやることは意味がある。テストに出るからとか、知識を人に語れるからとか、そういった理由以上に、頭の中に入った知識は、重要な人間の能力の一つとなるのである。

また、発想というのは、連想から生まれることが多い。これは、直接的な関連ではなく、なんとなく似ているものなどから引き出される。現在受けた刺激に対して、「なにか似たようなものがあったな」といった具合に(注4)リンクが引き出される。人間の頭脳には、これがかなり頻繁にあるのではないか、と僕は感じている。

「これと同じことがどこかであったな」と思いつく、いわゆる(注5)デジャヴも同じである。思いついたときには、言葉になっていない。なっていないから、「なんとなく……」と思いつく。思いついたとわかるのに、何を思いついたのか、なかなか引き出せない。それは、視覚的な情景だったり、もっと別の感覚(たとえば嗅覚)であったりする。ただ似ているというだけで、「そうそう、あのときと同じ」で終わってしまうこともある。むしろその方が多い。あるいは、考えても考えても、どうしても思い出せないこと、つまり、思いつきを逃してしまうこともある。夢を思い出せないみたいに、たしかに一度は自分の頭に浮かび上がったのに、煙のように消えてしまうのだ。

(森博嗣(もりひろし)『読書の価値』より)

(注1)インプット……入力。
(注2)ネット……「インターネット」の略。
(注3)アウトプット……出力。
(注4)リンク……いくつかのものごとを結びつけること。
(注5)デジャヴ……一度も経験したことがないのに、すでにどこかで経験したことがあるように感じること。

思考力

問 ある学級で、国語の時間にこの文章について話し合いをしました。次は、山本さんのグループで話し合っている様子です。[　　]に入る適切な内容を五十字以内で書きなさい。

小林　この文章は、「発想」について多く述べられているよね。「本を読むこと」がどうして「発想」につながるのかな。
伊藤　[　　]から、「本を読むこと」は「発想」につながると考えられるよ。
山本　やっぱり、本を読むことは大切なのね。

PART
5

古典・詩歌

1 古文の知識

栄光の視点

この単元を最速で伸ばすオキテ

- 歴史的仮名遣いは、現代の言葉で使われている仮名遣いとは異なり、読み方も違うので、きまりを覚えることが大切。
- 文中に特定の助詞があった場合、文末の形が終止形以外の形に変化する「係り結び」というきまりがある。この助詞（係助詞）は五つしかないので、完全に覚えてしまうことが必要。

覚えておくべきポイント

歴史的仮名遣いの読み方

- 語頭以外の「は・ひ・ふ・へ・ほ」→「わ・い・う・え・お」
  - 例 「いふ（言ふ）」→「いう」
  - 「おもふ（思ふ）」→「おもう」
- 「ゐ・ゑ・を」→「い・え・お」
  - 例 「ゐど（井戸）」→「いど」
  - 「ゑむ（笑む）」→「えむ」
  - 「をとこ（男）」→「おとこ」
- 「ぢ・づ」→「じ・ず」
  - 例 「もみぢ（紅葉）」→「もみじ」
  - 「みづから（自ら）」→「みずから」
- 「くわ（ぐわ）」→「か（が）」
  - 例 「くわんげん（管弦）」→「かんげん」
  - 「ぐわんにち（元日）」→「がんじつ」
- 母音の読み
  - 「あう（au）」→「おう（ô）」
  - 例 「まうす（申す）」→「もうす」
  - 「いう（iu）」→「ゆう（yû）」
  - 例 「しういつ（秀逸）」→「しゅういつ」
  - 「えう（eu）」→「よう（yô）」
  - 例 「けふ（今日）」→「きょう」

係り結び

文中に「ぞ・なむ・や・か・こそ」の係助詞がある場合は、文末が終止形以外の形に変化する。

係助詞	意味	例文
ぞ・なむ	強調	花ぞ散りける。
や・か	疑問・反語	いづれの山か天に近き。
こそ	強調	世はさだめなきこそいみじけれ。

先輩たちのドボン

語頭の「は・ひ・ふ・へ・ほ」を「わ・い・う・え・お」にする

「は・ひ・ふ・へ・ほ」を「わ・い・う・え・お」と読むのは、語頭以外のときだけ。

1 問題演習

次の文章を読んで、あとの問いに答えなさい。〈宮城県〉

＊孟嘗君（まうしやうくん）が楽しみに飽きみちて（楽しいことに十分満足して）、①もののあはれ（物事の情趣）を知らざりけり。＊雍門（ようもん）といふ人、②わりなく（とても上手に）琴をひく。聞く人、涙を落とさずといふことなし。君がいはく、「雍門、よく琴をひくとも、われはいかでか泣かむ（どうして泣くことがあろうか）」といひて、ひかせけるに、まづ世の中の無常をいひつづけて、折にあへる調べをかき合（あは）せて（その場にふさわしい曲を弾くと）、いまだその声終（をは）らざるに、③涙を落（おと）しけり。

（『十訓抄（じっきんしょう）』より）

（注）孟嘗君…中国の戦国時代の政治家。
雍門…中国の戦国時代の琴の名手。

問一　本文中の「①もののあはれ」を現代仮名遣いに改めなさい。

［　　　　］

よくでる

問二　本文中に「②わりなく琴をひく」とありますが、雍門の琴の演奏について述べられているものとして、最も適切なものを、次のア～エから一つ選びなさい。

ア　雍門の演奏を聞いても、泣かない人もいる。
イ　雍門の演奏を聞くと、誰もが泣いてしまう。
ウ　雍門の演奏を聞いたら、泣くこともないし言うこともない。
エ　雍門の演奏を聞くには、泣いて懇願しなければならない。

［　　　　］

思考力

問三　本文中に「③涙を落しけり。」とありますが、次の文は、本文中から読み取れるその理由について説明したものです。［　　］に入る適切な表現を考えて、二十五字以内で書きなさい。

●雍門が［　　］ことで、孟嘗君も心を動かされたから。

2

次の古文を読んで、あとの問いに答えなさい。〈富山県〉

実否（じつぷ）〔事実かどうか〕を知らざれども、*故持明院（こぢみやうゐん）の中納言（ちゆうなごん）入道、或（ある）時、秘蔵の太刀を盗まれたるに、*侍（さぶらひ）の中に犯人ありけるを、余（よ）〔他の〕の侍沙汰し出（いだ）して〔調べ出して〕、①参らせたりしに〔お持ちしたところ〕、入道の云（い）はく、「これは、我が太刀にあらず、僻事（ひがごと）〔間違い〕なり」とて、②返したり。決定（けつぢやう）〔まさしく〕、その太刀なれども、侍の恥辱を思うて返されたりと、人皆、これを知りけれども、その時は無為（ぶゐ）にて過（すぎ）し〔何事もなく済んだ〕。③ゆゑに、子孫も繁昌（はんじやう）せり〔栄えているのである〕。

④俗なほ、心あるは、かくの如（ごと）し〔このようである〕、況（いは）んや〔ましてや〕、出家人〔出家した人〕は、必ず、この心あるべし。

（古典文学解釈講座『正法眼蔵随聞記（しょうぼうげんぞうずいもんき）』より）

（注）故持明院の中納言入道…一条基家のことであり、入道はここでは僧の姿でありながらも世俗的生活を行っている人。
侍…貴人の家に仕える従者。ここでは中納言入道に仕える者。

よくでる

問一　①参らせたりし　の主語に当たるものを、次のア〜エから一つ選びなさい。

ア　入道　イ　太刀　ウ　犯人　エ　余の侍　〔　　〕

問二　②返したり　とありますが、人々はなぜ中納言入道が太刀を返したと考えたのですか。その理由として最も適切なものを、次のア〜エから一つ選びなさい。

ア　犯人の侍に恥をかかせたくなかったから。
イ　見たところ自分のものではなかったから。
ウ　侍に盗まれたことが恥ずかしかったから。
エ　本物かどうか見分けがつかなかったから。　〔　　〕

よくでる

問三　③ゆゑに　を現代の仮名遣いに改めて、ひらがなで答えなさい。〔　　〕

問四　④俗　と対比されている言葉を、本文中から抜き出しなさい。〔　　〕

問五　本文の趣旨に合うことわざとして、最も適切なものを、次のア〜エから選び、記号で答えなさい。

ア　論より証拠　イ　知らぬが仏
ウ　急がば回れ　エ　うそも方便　〔　　〕

3

次の【古文】と【解説】を読んで、あとの問いに答えなさい。〈青森県〉

【古文】

㋐おほかた（いったい）、詩（漢詩）を作り、和歌を詠み、手（書）を書く輩は、［　　］、末（後世）の世までも朽つることなし。こゑわざ（声をつかう芸能）の悲しきことは、我（うたう人自身）が身隠れぬるのち、㋑とどまることのなきなり。その故に、亡（亡くなったあと）からむ跡に人見よとて、いまだ世になき今様の口伝を作りおくところなり。

（『梁塵秘抄』より）

（注）口伝…ここでは、口頭で伝わっていたことを記した書物。

【解説】

平安時代末期から鎌倉時代初期にかけて流行した「今様」という歌謡があった。今様は、幅広い階層の人々に歌われ、広まったが、書き残されることがなかった。後白河上皇は、今様を集めて「梁塵秘抄」をまとめた。

よくでる

問一　㋐おほかた　とありますが、すべてひらがなで現代かなづかいに書き改めなさい。

〔　　　　〕

問二　［　　］に入る最も適切な語句を、次のア～エの中から一つ選びなさい。

ア　歌ひつれば　　イ　書きとめつれば

ウ　思ひつれば　　エ　亡くなりつれば

〔　　　　〕

問三　㋑とどまることのなきなり　とありますが、これと対照的な内容を表している語句を、【古文】の本文中から七字でそのまま抜き出して書きなさい。

□□□□□□□

思考力

問四　ある生徒が、【解説】を参考にしながら、【古文】の内容について次のようにまとめました。［　　］に入る具体的な内容を十字以内で書きなさい。

> 漢詩や和歌などと異なり、世の中に流行していた今様は、書き残されることがなかった。だから後白河上皇は、［　　］ために、今様を書き残した。それが「梁塵秘抄」である。

□□□□□□□□□□

2 古文の読解

栄光の視点

この単元を最速で伸ばすオキテ

- 古文では、動作の主がはっきりと書かれていないことが多い。動作主が誰であるのかを考えながら読むことが大切。
- 古文では会話文の部分に「　」がないことが多い。どの部分が会話文なのか、その会話の主は誰なのかを考えて読むようにすること。

覚えておくべきポイント

動作主

- 登場人物
  主人公は誰なのかなど、登場人物を押さえる。
- 「が」を補う
  登場人物を表す言葉の後に、「が」を補って考えてみる。
- 前の部分の内容から考える
  文の中に動作主が書かれていない場合は、前の内容から誰の動作なのかを考える。

例　いまはむかし、たけとりの翁（動作主）［が］といふものありけり。野山にまじりて竹をとりつつ、よろづのことにつかひけり。

［動作主は「たけとりの翁といふもの」］

会話文

- 会話文を見つける。
  ①会話文の前にある言葉に注意する。
  「～曰く（いはく）」「～の（が）いふやう」（＝「～の言うことには」）などの後には、会話文が続く。
  ②会話文の後にある表現に注意する。
  「～といふ」「～と問ふ」「～とて」の前には会話文がある。

内容の理解

古文の種類によって内容のとらえ方も異なる。

- 随筆…作者が何について書いているのか、どのように感じているのか（考えているのか）をとらえる。
- 説話・物語…話の流れや登場人物、その会話などに注意し、おもしろさをとらえる。

先輩たちのドボン

文の途中で動作主が変わっていることに気づかない

一つの文の中で動作主が変わることがある。気づかないまま読み進めると、意味が通らなくなり、文章全体の内容をとらえられなくなる。

会話文が見つけられず、物語のおもしろさが味わえない

古文では会話文に「　」がつけられていないことがある。「～といふ」や「～曰く」といった表現に気をつけて、登場人物のやりとりなどを読み取るようにしよう。

問題演習

1

次の文章を読んで、問いに答えなさい。　〈北海道〉

　岸玄知は、*雲州候の茶道なり。和歌を*好めるの癖あり。或日（あるひ）、郊外へア出（い）でて、*梅圃（ばいほ）の花盛りにて、梅樹の主を問ひて、樹を買はんとす。*敢（あ）へてイ肯（がへん）ぜざるを、高価を以（もっ）て強（し）ひて望みければ、已（や）む事なく約す。翌日、酒魚を以て樹下に来たりウ*慰む。農夫曰（いは）く、根の損せざるやうに掘りうがち、明日持ちまゐるべしとエ云（い）ふ。玄知の云ふ、いな左様に非（あら）ず。いつまでも爰（ここ）に置くべし。さあらば実、熟さば如何（いか）にすべしとオ問ふ。実は用なし。只（ただ）花のみ望む所にして、吾（わが）物にして見ざればおもしろからずとぞ。

（司馬江漢（しばこうかん）『春波桜筆記（しゅんぱろうひっき）』より）

（注）雲州候の茶道…出雲（いずも）の国（現在の島根県東部）の領主に仕え、茶会を取り仕切る者。
好めるの癖あり…こよなく愛している。　梅圃…梅の木を植えている畑。
敢へて肯ぜざる…どうしても了承しない。　慰む…楽しむ。

問一　――線「約す」について、ここでの意味と同じ意味で使われている「約」を含む熟語を、ア～エから選びなさい。

ア　要約　　イ　婚約　　ウ　倹約　　エ　集約　　［　　］

よくでる
問二　〰〰線ア～オのうち、岸玄知の動作を表しているものを、二つ選びなさい。　［　　］［　　］

思考力
問三　この文章の内容に合うものを、ア～エから一つ選びなさい。

ア　農夫は、梅の木が他の人の手に渡ると、梅の実の収穫量が少なくなるので、梅の木の値段を高くして、その木を買うことを岸玄知にあきらめさせようとした。

イ　農夫は、梅の木を買った岸玄知の目的は、梅の実を手に入れることだと思っていたが、玄知は、和歌の題材となる梅の花を持ち帰りたいと思っていた。

ウ　農夫は、岸玄知が梅の畑に来たのは、食事をしながら梅の花を見るためだと思っていたが、玄知は梅の花には興味がなく梅の実が欲しいと考えていた。

エ　農夫は、梅の木を買った岸玄知のためにその木を掘って届けようとしたが、玄知は、今の場所で、ただ梅の花を自分のものとして眺めたいと考えていた。

［　　］

2

次の文章を読んで、問いに答えなさい。〈長崎県〉

A もと同学たりし人のもとへ、「*廣韻(こういん)をちと貸し給へ」と
かつて寺で修業した仲間の僧のもとに、　(亭主が)　ちょっとお貸し下さい

いひやりたれば、「此方(このかた)にもいる」とて貸さず。後にあふたるに、
使いをやると、　(僧は)こちらでも使う　貸さない　(二人が)後日会ったときに、

①以前はいな物を、貸されなんだと恨みければ、*光陰惜(こういんおしむ)べし
貸してもいいものを、貸してくれなかったな　惜しむべきだ

とあり。

Bかりぬし遺恨をふくみ、かさねて先のおしみての方へ、「明
これを恨んで、　もう一度　以前の「廣韻」を貸し惜しんだ僧へ、

朝斎(とき)を申さん」といひやりぬ。②必ずゆかんよし返事なりき。亭、
食事をごちそうしよう　使いをやった。　(僧は)　という返事をしてきた。　亭主は

暁(あかつき)より起(おき)て朝めしをいそぎ用意し、C内の者にも早々くらは
暗いうちから起きて　朝食を　急いで　さっさと

せ、棚もと其外掃地(そうじ)をきれいにしておきたり。D件(くだん)の僧来(きた)り
台所やそのほかを掃除し　例の

までども、さらに飯をくるる音せず。「なにとて膳(ぜん)は遅ひぞ」
いつまで待っても、いっこうに飯を持ってくる気配がない。　どうして　料理が遅いのか

「とき人をまたずとあれば、はやとく過(すぎ)たは」
(と言うと)　と言うので、　すでに早く食事を済ませたよ(と言った。)

（『醒酔笑(せいすいしょう)』より）

（注）廣韻…書物の名。
　　　光陰…時間。時。

問一 □ A〜Dのうち、同じ人物を示しているものを二つ選びなさい。

〔　　〕〔　　〕

問二 ——線部①「以前は」から始まる「亭主」の言葉はどこまでか。その終わりの三字を抜き出して書きなさい。

□□□

問三 ——線部②の意味として最も適当なものを次から一つ選びなさい。

ア 決して行きません
イ きっと行きます
ウ 都合がつきません
エ 今すぐ行きます

〔　　〕

問四　機転の利いた「しゃれ」のやり取りがこの話の面白さの中心となっている。話の**前半**を説明した次の［　］内の文にならって、話の**後半**の説明を解答欄に合う形で完成させなさい。ただし、［1］は十五字以内で、［2］は三十五字以内で書きなさい。

前半

> 僧は、亭主が廣韵を貸してくれと言ったのに貸さなかった。その理由を、書物の名前を表す「廣韵」と時間の意味の「光陰」をかけて「光陰惜べし」と「しゃれ」を使って答えた。

後半

> 亭主は、僧を食事に招待したのに［1］。その理由を、［2］と言って、僧と同じように「しゃれ」を使って仕返しした。

1

2

3 漢文の知識・読解

栄光の視点

この単元を最速で伸ばすオキテ

- 漢文を日本語の文章のように読むためには、訓読のきまりを覚える必要がある。
- 漢詩には決まった形式がある。形式の分類は、よく出題されるのでしっかりと覚えよう。

覚えておくべきポイント

訓読

「訓読」とは、漢文を日本語の文章のように読むこと。漢文は漢字だけで書かれており、日本語の文章のように読むには、読む順序を変えるために返り点を使ったり、句読点や送り仮名を補ったりする必要がある。

返り点

「返り点」…読む順序を示すために漢字の左下に付ける記号。

①レ点…一字前に戻って読むことを示す。

②一・二点…二字以上戻って読むことを示す。

例 有レ朋、自二遠方一来

送り仮名

「送り仮名」…助詞や助動詞、用言の活用語尾などを漢字の右下に付けたもの。歴史的仮名遣いを用いてカタカナで付ける。

書き下し文

例 有リ朋、自リ遠方来タル

訓読した文を漢字と仮名で表した文を「書き下し文」という。

例 有レリ朋、自二リ遠方一来タル

書き下し文…朋有り、遠方より来たる。

漢詩の形式

①絶句…四句から成る。

- 五言絶句(一句が五字で四句(四行)から成る)
- 七言絶句(一句が七字で四句(四行)から成る)

②律詩…八句から成る。

- 五言律詩(一句が五字で八句(八行)から成る)
- 七言律詩(一句が七字で八句(八行)から成る)

先輩たちのドボン

「一・二点」ではさまれた部分の読み方を間違える

二字以上戻るときには「一・二点」を使うが、「一」「二」ではさんでいる中の言葉はそのまま上から下に読む。下から読むと、意味の通らない言葉や文になるので注意が必要。

「絶句」と「律詩」を間違える

四句(四行)でできているのは「絶句」。八句(八行)でできているのが「律詩」。

問題演習

1

次の文章を読んで、あとの問いに答えなさい。〈群馬県〉

居(を)リ二天下之(の)広居一ニ、A立チ二天下之正位一ニ、
行ク二天下之大道一ヲ。得(レバ)レ志ヲ与(と)レ民由(よ)リレ之(これ)ニ、
不(ざ)レバ□レ志ヲ独リ行フ二其(そ)ノ道一ヲ。富(ふう)貴(き)モ不(ず)レ能(あた)ハ淫(いん)スルコト。
貧(ひん)賤(せん)モ不レ能ハ移スコト。威武モ不レ能ハ屈スルコト。此(こ)レ之ヲ
謂(い)フ二B大(だい)丈(ぢやう)夫(ふ)ト一。（『孟子(もうし)』より）

書き下し文

天下の*広居に居り、天下の*正位に立ち、天下の*大道を行く。志を得れば民と之に由り、志を□ざれば独り其の道を行ふ。富貴も*淫すること*能はず。貧賤も移すこと能はず。*威武も屈すること能はず。此れ之を大丈夫と謂ふ。

（注）広居…広い住居のことで、ここでは「仁」をたとえている。
正位…正しい位置のことで、ここでは「礼」をたとえている。
大道…大きな道のことで、ここでは「義」をたとえている。
能…できる。　淫…心をかき乱す。
威武…権威・武力のこと。

問一 文中A――「立チ二天下之正位一ニ」に、書き下し文の読み方になるように返り点を書きなさい。

［ 立チ天下之正位ニ ］

よくでる

問二 文中□に当てはまる漢字一字を、本文から抜き出して書きなさい。

□

問三 文中B――「大丈夫」とありますが、本文から読み取れる「大丈夫」とはどのような人物のことですか。次のア～エから最も適切なものを選びなさい。

ア 場面や相手によって、態度が変化する人物。
イ どのような状況でも、信念を貫き通す人物。
ウ 苦しい立場でも、物事を楽観的に捉える人物。
エ 身分に関係なく、相手を優しく包み込む人物。

［　　］

2

次の書き下し文と漢詩を読んで、あとの問いに答えなさい。漢詩は一部返り点を省略したところがある。 〈兵庫県〉

〔書き下し文〕

*北固山(ほくこさん)下に次(やど)る（宿泊する）　　*王湾

客路青山の外　　行舟 A の前

潮平らかにして両岸闊(ひろ)く　　B 正しうして一帆懸かる

海日残夜に生じ　　江春旧年に入る（長江の）

郷書(きょうしょ)何れの処(ところ)にか達せん　　帰雁洛陽(きがんらくよう)の辺(ほとり)

〔漢詩〕

次(ル)二北 固 山 下(ニ)一　　王湾

客 路 青 山(ノ)外　　行 舟 A (ノ)前

潮 平(ラカニシテ)両 岸 闊(ク)　　B 正(シウシテ)一 帆 懸(カル)

①海 日 生(ジ)残 夜(ニ)　　②江 春 入(ル)旧 年(ニ)

郷 書 何(レノ)処(ニカ)達(セン)　　帰 雁 洛 陽(ノ)辺

（『唐詩選(とうしせん)』より）

（注）北固山…長江下流にある山。
王湾…唐の詩人。洛陽の人。

よくでる

問一 漢詩の形式を、次のア～エから一つ選びなさい。

ア 五言律詩　**イ** 五言絶句

ウ 七言律詩　**エ** 七言絶句

〔　〕

問二 書き下し文の読み方になるように、傍線部①に返り点をつけなさい。

〔海 日 生(ジ) 残 夜(ニ)〕

思考力

問三 空欄A・Bに入ることばの組み合わせとして適切なものを、次のア～エから一つ選びなさい。

ア A 紅山　B 水　　**イ** A 緑水　B 風

ウ A 江岸　B 月　　**エ** A 客舎　B 道

〔　〕

問四　傍線部②の説明として最も適切なものを、次のア〜エから一つ選びなさい。

ア　この地は温暖で、年が改まらないうちから春が訪れる。

イ　この地は戦乱がなく、春の景色は昔と変わらず美しい。

ウ　この地は、春の様子が故郷とよく似ていてなつかしい。

エ　この地は、故郷のはるか南方で一年中春の景色である。

〔　　〕

思考力

問五　二重傍線部に表現されている作者の心情として最も適切なものを、次のア〜エから一つ選びなさい。

ア　北方の洛陽から渡ってきた雁（かり）の姿を見ると、故郷からの手紙は今どこまでやってきているだろうかと待ち遠しく感じる。

イ　北へ渡る雁同様、故郷に宛てた私の手紙がきっと洛陽まで届いているだろうと思うと、旅の寂しさも紛れる気がする。

ウ　北へ渡る雁が、今頃は洛陽のあたりを飛んでいるだろうと思うにつけ、故郷に宛てた私の手紙の行方が気がかりである。

エ　故郷に宛てた私の手紙がもう届いているのか確かめるため、北へ渡る雁に身を変えて洛陽まで飛んでいきたい思いである。

〔　　〕

4 短歌・俳句の知識・読解

栄光の視点

この単元を最速で伸ばすオキテ

短歌や俳句の問題では表現技法がよく出題される。表現技法やきまりをしっかり覚えることが大切。

覚えておくべきポイント

短歌の表現技法

句切れ…意味の切れ目になるところ。切れる場所によって、「初句切れ」「二句切れ」「三句切れ」「四句切れ」と呼ぶ。句切れがないものは「句切れなし」という。

句切れの見つけ方…「。」（句点）をつけられるところが句切れになる。言い切りの形になっていたり、感動を表す言葉（「けり」「かな」など）がある場合は、そこが句切れになることが多い。

例　この山は　ただざうさうと　音す**なり**　→　北原白秋
松に松の風　椎（しい）に椎の風

※「なり」という感動を表す言葉があるので
ここで切れる。したがって「三句切れ」。

俳句の表現技法

句切れ…短歌と同様に俳句にも句切れがある。「初句切れ」と「二句切れ」がある。句の途中で切れるものは「中間切れ」という。

切れ字…感動を表す言葉。「や」「かな」「けり」などがある。切れ字があると、そこが句切れとなる。

俳句のきまり

季語…俳句には必ず季節を表す言葉である「季語」を入れるきまりがある。旧暦の季節なので、今の季節とは違うことに注意が必要。

例　雀らも　海かけて　**飛べ**　→　吹流し（ふき）　**季語（季節は夏）**　飯田蛇笏（いいだだこつ）

※「飛べ。」と「。」（句点）をつけられるので、ここで意味が切れる。したがって二句切れ。

短歌や俳句の読解

短歌や俳句の読解の問題では、次のようなことに気をつける。

①季節や場所などを読み取る。
②感動の中心がどこにあるのかに着目する。
③歴史的仮名遣いや現代との季節の違い（旧暦の季節）に注意する。

先輩たちのドボン

季語の季節を現在の四季で考える。

旧暦の季節は今の四季のとらえ方とは違うことが多い。たとえば、右の「吹流し」は、端午の節句でこいのぼりと一緒に風になびかせるものなので、季節を春とまちがえやすいが、五月は旧暦では夏なので、夏の季語となる。

問題演習

1 次の俳句を読んで、あとの問いに答えなさい。〈福島県・改〉

A　木がらしや*目刺(めざし)にのこる海(うみ)のいろ　芥川(あくたがわ)　龍之介(りゅうのすけ)

B　*くろがねの秋の風鈴鳴りにけり　飯田(いいだ)　蛇笏(だこつ)

C　元旦や暗き空(そら)より風が吹く　青木(あおき)　月斗(げっと)

D　夏嵐机上の白紙飛び尽(つ)す　正岡(まさおか)　子規(しき)

（注）目刺…イワシなどの魚を塩水に漬けたのち、竹串で数匹ずつ刺しつらねて干した食品。
くろがね…鉄の古い呼び名。

よくでる

問　冷たく乾いた風の吹きすさぶ様子を切れ字を用いて強調する一方で、眼前の小さなものが連想させる豊かな色彩のイメージを表現している俳句はどれですか。A～Dから一つ選びなさい。〔　　〕

2 思考力

次の俳句を説明したものとして最も適するものを、あとのア～エから一つ選びなさい。〈神奈川県〉

向日葵(ひまはり〔ワ〕)の蕊(しべ)を見るとき海消えし　芝(しば)　不器男(ふきお)

ア　花の中心にある蕊へと視点を焦点化していくことで、光り輝く大海原のような向日葵畑から輝きが失われてしまった悲しみを感覚的に表している。

イ　近景へと焦点を合わせていく映像的手法を用いることで、眼前の向日葵の印象を鮮明に浮き上がらせながら海の姿も意識されるように表現している。

ウ　一面に広がる向日葵畑の圧倒的な存在感に、まるでこちらに迫ってくるような錯覚に陥って海にいることさえ忘れてしまったという感動を描いている。

エ　太陽に向かい咲き誇っていた向日葵の花が蕊だけを残して枯れ果てたことで、向日葵畑の背後にある海の存在感すら消えうせたことを示している。

〔　　〕

3

次の短歌を読んで、あとの問いに答えなさい。　〈福島県〉

A　*みんなみの海(うみ)のはてよりふき寄(よ)する
　春のあらしの音ぞ*とよもす　　太田(おおた)　水穂(みずほ)

B　をとめらが泳ぎしあとの遠浅(とほあさ)に
　浮環(うきわ)のごとき月うかびいでぬ　　落合(おちあい)　直文(なおぶみ)

C　夏はきぬ相模(さがみ)の海の南風(なんぷう)に
　わが瞳燃(も)ゆわがこころ燃ゆ　　吉井(よしい)　勇(いさむ)

D　しらしらと氷(こほり)かがやき千鳥(ちどり)なく
　釧路(くしろ)の海の冬(ふゆ)の月かな　　石川(いしかわ)　啄木(たくぼく)

E　きみに逢(あ)う以前のぼくに遭いたくて
　海へのバスに揺られていたり　　永田(ながた)　和宏(かずひろ)

(注)　みんなみ…南。　とよもす…鳴り響かせる。

問　今の自分とは異なる、思い出の中にいるかつての自分と向き合おうとする心情をうたった短歌はどれですか。A～Eの中から一つ選びなさい。

〔　　〕

PART
6

作文・表現

1 条件作文・課題作文

栄光の視点

この単元を最速で伸ばすオキテ

作文の条件を正確に押さえること。「あとの条件にしたがって……」という形でまとめて示されていることが多いので、

- テーマ…どのようなことについて書くのか
- 内　容…どのようなことに触れながら書くのか
- 形　式…どのような形で書くのか（段落・字数など）

この三点を確実に守って書くようにする。

書き終わったら推敲する。限られた時間の中で数十～数百字の作文を書きあげたうえで推敲を行うので、普段から、

- 誤字脱字はないか
- 指定された条件を守っているか
- 文末表現は統一されているか
- 論理的な展開となっているか
- わかりやすい表現で書かれているか

という観点を意識して書くことが求められる。

覚えておくべきポイント

構成をメモする

いきなり書き始めるのではなく、構成をメモするとよい。まず自分の立場や主張を明らかにし、次にそれを支える事実や体験を箇条書きにし、最後に条件（段落や字数など）に合うように整えること。

与えられた文章・図表と作文の関係を押さえる

課題作文には、文章や図表から読み取ったことをふまえて書く場合がある。文章の内容を要約する必要はあるか、それに対し賛成・反対の立場を表明する必要はあるか、示された図表から読み取った内容をどのように作文に反映させるかをその都度確認する。

自分の意見を決める。書きやすい内容・理由を選択する

作文では、自分の立場や主張を明確にしなくてはならない。ただし、すべてを本音で書く必要はなく、書きやすい立場や主張、理由（体験や見聞きしたこと）を選んで書くとよい。

意見と事実を書き分ける

「一段落目であなたの立場を明らかにし、二段落目で実際に体験したり見聞きしたりしたことを……」という指示があれば、それにしたがう。指示がない場合でも、適宜段落をかえるなどして、主観的な意見と、客観的な事実（体験・データから読み取ったことなど）を分けて書くようにする。

先輩たちのドボン

原稿用紙の使い方を誤る

「原稿用紙の正しい使い方」という条件を守っていない場合、しっかりした内容が書けていても減点対象となる。改行の仕方、読点や記号の使い方などをもう一度確認しておこう。

問題演習

1

次の文章は、X町に住む中学生の本田さんが、校内放送で町の魅力を話した内容の一部です。これを読んで、問一、問二に答えなさい。〈北海道〉

1 X町は、小さい町ですが、若者で活気のあるところが魅力だと思います。

2 私は、小学生のときから毎年、秋の収穫祭や、仮装フェスティバルなどに参加しているのですが、最近は、これらの行事に同じ学校の生徒や近所の先輩など、若者がたくさん参加するようになり、活気が増してきたと思います。さらに、私の周りには、大人になってもずっとX町に住みたいと言っている友人も多くいて、若者が減っていく心配はないと思います。

3 X町には、他にも魅力がたくさんあるはずです。皆さんも、X町の新たな魅力を探してみませんか。

問一　本田さんが話した内容について説明したものとして最も適当なものを、ア～エから一つ選びなさい。

ア　自分の考えを正確に伝えるため、聞き手に繰り返し呼びかけている。

イ　自分の意見を述べた上で、対立する意見も取り上げている。

ウ　自分の意見を述べるだけでなく、そのように考えた理由を示している。

エ　自分の感想を述べないようにして、客観的な内容にしている。

〔　　〕

問二　2段落を、あなたが次の調査結果をもとに話すとき、条件1、2にしたがって話す内容を書きなさい。

条件1　X町の調査及び国の調査から読み取ったことを、それぞれ書くこと。

条件2　条件1で書いた二つのことを踏まえて、X町の今後について考えられることを書くこと。

【国の調査】

あなたは将来も今の地域（市町村）に住んでいたいと思いますか。

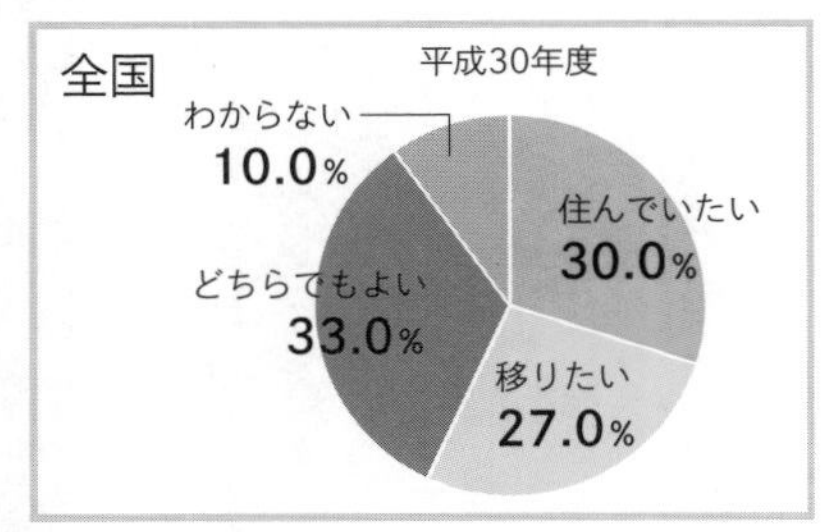

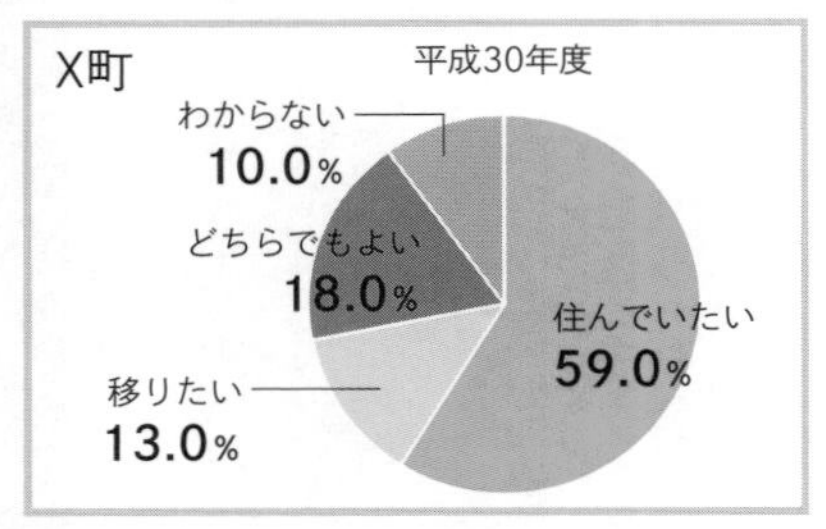

● この調査は、全国の13歳から29歳の若者を対象に行ったものである。

【X町の調査】

あなたが今年参加した、X町の行事は何ですか。

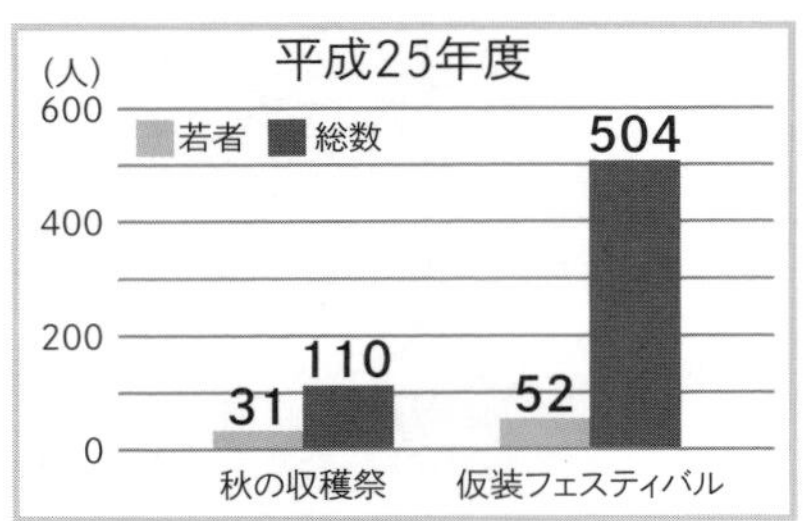

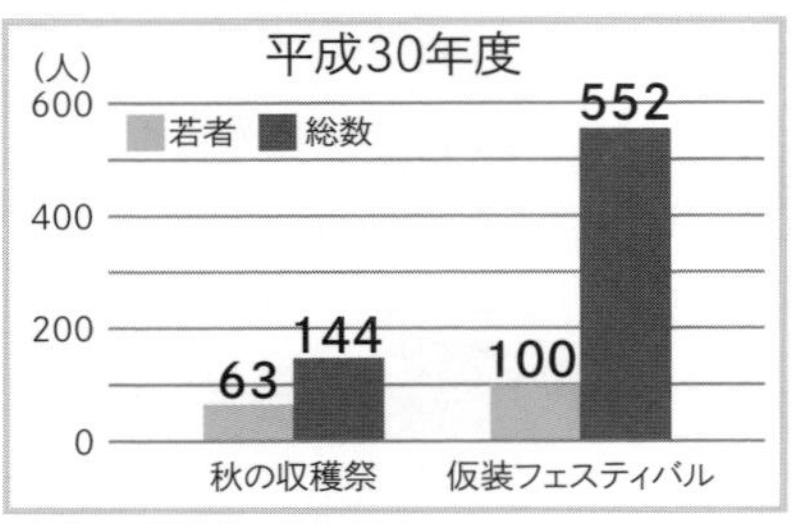

● この調査は、X町の町民を対象に行ったものである。

● この調査では、13歳から29歳を「若者」としている。

よくでる

2

社会人として、これからの時代を生きていくに当たり、さまざまな「力」や「姿勢」が必要になります。

あなたは、次の三つのうち、どれを最も大切にしていきたいと考えますか。**ア〜ウから一つ選び、その記号を解答用紙の所定の欄に書き入れ、**大切にしていきたいと考える理由を、**百六十字〜二百字**で書きなさい。〈宮城県〉

※実際の入試問題と、解答欄の一行あたりの字数や全体の行数が異なる（入試問題は一行20字・10行）。原稿用紙の正しい使い方で書くこと。

ア　物事に進んで取り組む

イ　新しい価値を生み出す

ウ　社会のルールや人との約束を守る

〔　　〕

3 思考力

ある中学校では、毎年参加者を募り、地域の公園の清掃活動に参加している。生徒会役員の中川さんは、今年の清掃活動の日時や活動内容についての案内を、生徒会新聞に掲載することにした。より多くの生徒に参加してもらうために、日時や活動内容の他に、参加を呼びかける文章も加えようと考え、その内容について他の生徒会役員と話し合った。次のA案は、話し合いの前に中川さんが作成した文章であり、B案は、話し合いをもとに改めた文章である。A案とB案を比較したうえで、あとの条件に従って**あなたの考え**を書きなさい。〈福島県〉

A案

私たちの学校では長年にわたって、地域の清掃活動に協力しています。昨年も多くの生徒が参加してくれました。作業は簡単な内容ですので、あまり負担を感じることはないと思いますし、そんなに長い時間もかかりません。清掃活動に参加することで、きっと大きな充実感を味わうことができると思います。この活動をきっかけに、奉仕活動について興味を持つようになった人もいます。皆さんもぜひ、積極的に参加してください。

B案

私たちの学校が取り組んできた地域の清掃活動への協力も、今年で十五年目を迎えます。昨年は全学年合わせて三十名が参加しました。難しい作業はないので、初めて参加する人でも大丈夫です。昨年は地域の方から、「本当にきれいになったね。」と声をかけていただき、とても充実した気持ちになりました。この活動をきっかけに、他の奉仕活動に参加するようになった先輩もいます。皆さんもぜひ、積極的に参加してください。

条件

1　二段落構成とし、前段ではA案と比較してB案はどのように工夫されているかについて書き、後段では前段を踏まえて、文章を書くうえで大切なことについてあなたの考えを書くこと。
2　全体を百五十字以上、二百字以内でまとめること。
3　氏名は書かないで、本文から書き始めること。
4　原稿用紙の使い方に従って、文字や仮名遣いなどを正しく書き、漢字を適切に使うこと。

※実際の入試問題と、解答欄の一行あたりの字数や全体の行数が異なる（入試問題は一行10字・20行）

150

200

4

あなたのクラスでは、校内で行われる合唱コンクールを盛り上げるために、クラスのスローガン（標語）を考えることになりました。その結果、次のA、Bの二つのスローガンが提案され、この中から一つを採用することになりました。あなたなら、どちらを合唱コンクールのスローガンとして選びますか。AとBの違いと、どちらのスローガンを採用するのがよいかについて、あなたの意見を、あとの**条件1～条件3**と［注意］に従って書きなさい。〈香川県〉

A　「めざせ、金賞！　最高のハーモニーで」

B　「響け！　私たちの歌声、絆（きずな）とともに」

条件1　二段落構成で書くこと。

条件2　第一段落にはAとBの違いについて書き、第二段落にはどちらのスローガンを採用するのがよいかについてのあなたの意見を、その理由がよくわかるように、身近な生活における体験や具体例を示しながら書くこと。

条件3　原稿用紙の正しい使い方にしたがって、二百五十字程度で書くこと。ただし、百五十字以上書くこと。

［注意］　一　部分的な書き直しや書き加えなどをするときは、必ずしも「ますめ」にとらわれなくてよい。

二　題名や氏名は書かないで、本文から書き始めること。また、本文の中にも氏名や在学（出身）校名は書かないこと。

※実際の入試問題と、解答欄の一行あたりの字数や全体の行数が異なる（入試問題は一行25字・11行）

150

250

2 資料の読み取り

栄光の視点

この単元を最速で伸ばすオキテ

テーマを読み取る

資料の読み取り問題では、資料として図や表、グラフ、ポスターなどが示される。それらの資料が何を目的として示されたものなのかを読み取ることが必要である。

会話文では各々の立場を明らかにする

図表とともにスピーチ原稿や話し合いなどが書かれている場合は、話し手がどのような意見をもっているかということもあわせて読み取ること。

覚えておくべきポイント

グラフの数値に注目する

アンケートや調査の結果が、棒グラフや円グラフを用いて示されることがある。その際は、グラフの数値や割合に注目するとよい。一番多い数値、あるいは少ない数値に注目することで、グラフが示すものの特徴を述べることができる。

調査の対象や数値の推移に注目する

折れ線グラフを用いた資料も多い。折れ線グラフは世代別の特徴や、経年変化を示す際に適したグラフで、数値がどのように変化しているかを読み取れる。

複数の図表の違いに注目する

2種類のポスターの比較などがこれにあたる。使われている文字やイラスト、紙面構成に注目することによって、それぞれの特徴を述べ、どちらがより効果的に伝えたい事柄を示しているかを述べる。

会話文との対応に注目する

資料を示しながらスピーチをする、資料を囲んで話し合うといった設定で出題されることがある。この場合は、話し手がどの資料のどこを見ながら話しているのか、それについてどのような意見を述べているのかを正確にとらえることが大切である。

先輩たちのドボン

思い込みで論を展開する

資料から読み取れること、あるいはそこから十分に予測できることについて論理的に述べなくてはならないのに、勝手な思い込みや根拠のない想像で論を展開してしまうことがある。

事実の列挙にとどまる

資料から読み取った内容から、どのようなことが考えられるのかまで論を発展させなくてはならない問題で、事実を列挙するだけで、考察にまで及んでいないケースが見受けられる。

問題演習

1

中学生のAさん、Bさん、Cさん、Dさんの四人のグループは、「総合的な学習の時間」にリサイクルの現状と課題について調べ、話し合いをしている。次の図、表、グラフと文章は、そのときのものである。これらについてあとの問いに答えなさい。〈神奈川県〉

図

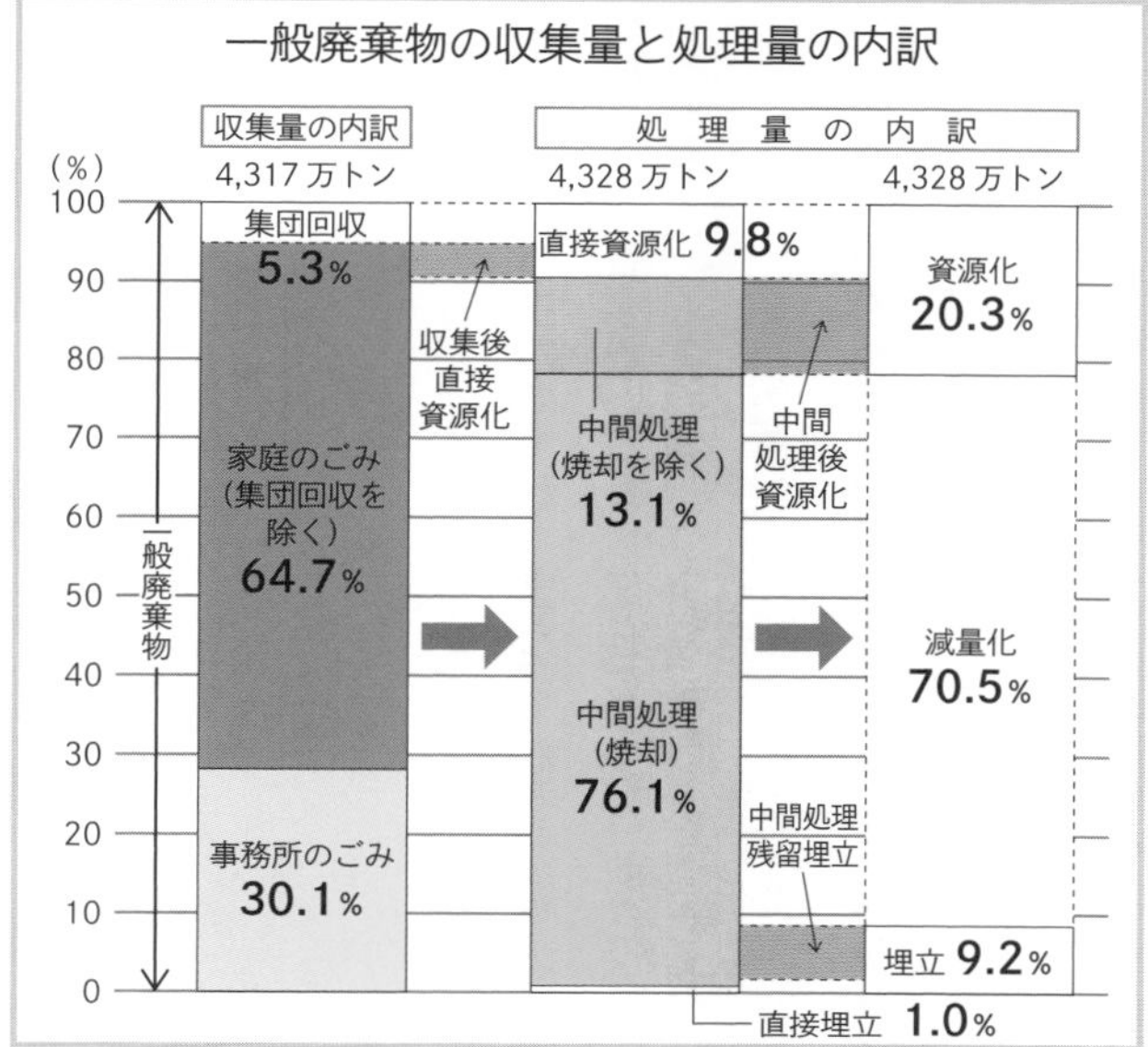

環境省「一般廃棄物の排出及び処理状況等（平成28年度）について」より作成。図の百分率で示された数値は、四捨五入しているため、合計が100%にならないことがある。

Aさん　本日は、リサイクルの現状と課題について考えてみましょう。環境省によると、一般廃棄物の多くは中間処理によって大幅に減量化され、残りかすである残渣（ざんさ）は埋立（うめたて）によって処理されているそうです。それでは、リサイクルの現状はどうなっているのでしょうか。

グラフ

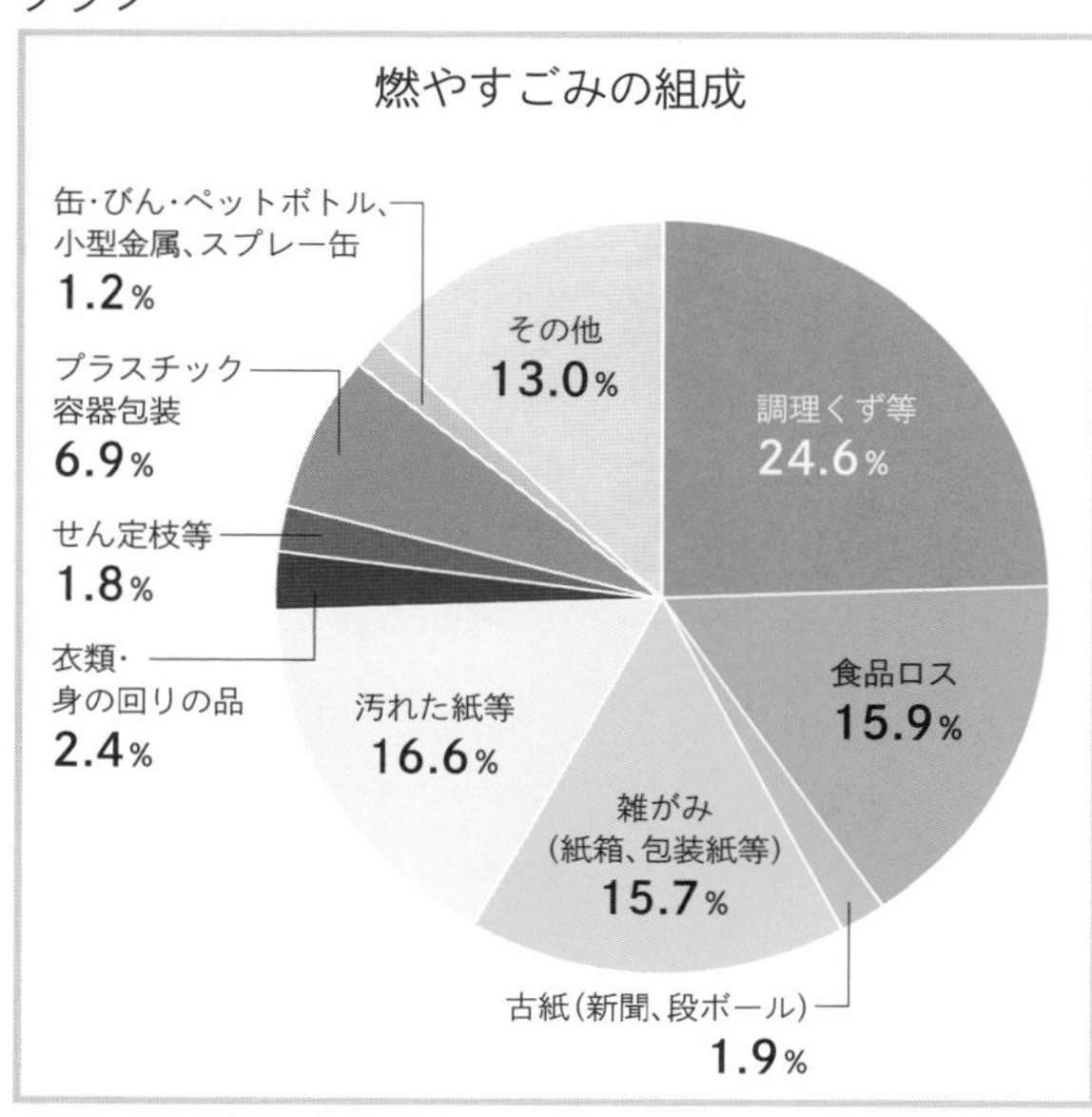

京都市「新・京都市ごみ半減プラン」（平成27年）より作成。燃やすごみの合計は約21万トン。

表

容器包装のリサイクル状況

品目	割合
ペットボトル	83.9%
プラスチック容器包装	46.6%
ガラスびん	71.0%
紙製容器包装	25.1%
飲料用紙容器	44.3%
段ボール	96.6%
スチール缶	93.9%
アルミ缶	92.4%

3R推進団体連絡会「容器包装3R推進のための自主行動計画2020フォローアップ報告（2016年度実績）」より作成。

Bさん　それを考えるために、**図**を見てみましょう。「集団回収」とは、自治体が実施している資源回収とは別に、町内会や学校ＰＴＡなどの地域団体が行なっている自主的な資源の回収をいいます。また、「資源化」は、一般廃棄物から資源としてリサイクルされたものを示しています。

Cさん　集団回収も合わせると、家庭のごみが一般廃棄物の七割を占めているのですね。また、一般廃棄物の収集量や処理量に注目すると、地域団体による「集団回収」量と「収集後直接資源化」量とでは、「収集後直接資源化」量の方がわずかに少ないことがわかりますね。

Dさん　リサイクルの現状については、一般廃棄物の収集量のうち、二〇・三パーセントが最終的に「資源化」されているということなんですね。このリサイクル率は、環境省によると近年二〇パーセント台で推移しているそうです。

Aさん　では、少しでもリサイクル率を向上させるために私たちにできることは何でしょうか。

Cさん　**表**を見てください。平成九年四月から本格施行された「容器包装リサイクル法」によって、家庭から出るごみのうち、分別収集の対象となったもののリサイクル状況です。

Bさん　対象によって算出方法が異なるので単純に比較はできませんが、リサイクルされている割合(わりあい)の高いものと低いものがあるようですね。

Dさん　ということは、これらのうち割合の低いもののリサイクルを進めていけばよいのでしょうね。

Bさん　そうですね。ここで、**グラフ**も見てください。**グラフ**は燃やすごみの内容物を京都市が調査した結果です。「雑がみ」とは、ミックスペーパーと呼ばれ、その多くは**表**にある「紙製容器包装」のことです。

Dさん　本来は分別するべきものまで、こうして燃やすごみとして捨てられているのですね。汚れた紙のようにリサイクルできないものはともかく、「混ぜればごみ、分ければ資源」ということばの通り、リサイクルできるものはリサイクルにまわすことが必要ですね。

Aさん　これまでの話を総合すると、**表**と**グラフ**から読み取った内容から、リサイクル率を向上させるためには、［　　］ことが重要だと考えられます。

Cさん　当たり前のことですが、そうしたことの積み重ねが重要なのですね。

Dさん　そうですね。また、リサイクルだけでなく、そもそもごみを出さないように無駄な消費を抑えるリデュースや、繰り返し使うリユースも重要です。これらリデュース、リユース、リサイクルの頭文字をとって「３Ｒ」と呼ぶそうです。本日の話し合いをきっかけに、３Ｒを意識して、限りある資源をもっと大切にしていきたいと思いました。

問　本文中の［　　］に適する「Aさん」のことばを、次の①～④の条件を満たした一文で書きなさい。

① 書き出しの［リサイクル率を向上させるためには、］という語句に続けて書き、文末の［ことが重要だと考えられます。］という語句につながるように書くこと。

② 書き出しと文末の語句の間の文字数が**二十字以上三十字以内**となるように書くこと。

③ **表**と**グラフ**から読み取った具体的な内容に触れていること。

④「分別」「資源」という二つの語句を、どちらもそのまま用いること。

リサイクル率を向上させるためには、

ことが重要だと考えられます。

2

次は、○○中学校の生徒会執行部役員が話し合いをしている場面である。【会話文】を読み、【資料】「生徒会規約」を参考にしながら、あとの問いに答えなさい。〈兵庫県〉

【会話文】

会長　今から、一月の定例執行部会を始めます。最初の議題は、二学期に行った「『学校生活アンケート』の結果について」です。副会長から説明してください。

副会長　はい。今回のアンケートで特に多かった要望は制服に関することで、「女子の制服はスカートと決められているが、ズボンに変更してほしい」という内容でした。以前からあった要望ですが、今回は特に多く寄せられていましたので、執行部会で話し合いたいと思います。

会長　わかりました。「会員の要望についての検討」は私たち執行部の大切なしごとの一つです。皆さんの意見を聞かせてください。（中略）

会計　そもそも私たちの考えだけで、校則を変えることなんてできるのですか。

副会長　私たちだけで変えることはできませんが、全校生で話し合った結果として、先生方に校則の変更を提案することはできますよ。

会長　五年前には、先輩方の提案で補助かばんの利用が許可されたんですよ。全校生の意見をまとめてできた校則改正案を生徒総会で可決し、先生方に提案したそうです。

書記　へえ、立派な先輩たちですね。

PART 6 作文・表現
2 資料の読み取り

会計　でも、生徒総会で話し合わないといけないのなら、今年度はもう無理ですね。年に一度の生徒総会は終わったのですから。

副会長　いいえ、再度生徒総会を開くことはできますよ。

会計　ああ、規約によれば、そうでしたね。

会長　では、そのことについては、今年度中に先生方に提案することを目標に話し合っていきましょう。それでは、次の議題に移ります。

【資料】

生徒会規約

第２章　会員の権利及び義務

第５条　○○中学校の全ての生徒は、等しく本会員として資格を有する。

第６条　会員は生徒会総会での議決権を有するが、その決議には従わなければならない。

第７条　会員は全校投票により生徒総会の招集を要求することができる。会員の9割の投票数で全校投票は成立する。ただし、3学期（1月～3月）には全校投票は行わない。

第３章　執行部

第８条　本会の円滑な運営のため執行部をおき、執行部役員として会長1名、副会長2名、書記1名、会計1名をおく。

第９条　本会は第2学年から会長、第1学年、第2学年からそれぞれ副会長を選出する。また書記、会計を公募し、会長が指名する。

第10条　会長は生徒会を代表し、会務を総括する。

第11条　副会長は会長を補佐し、会長が不在のときはこれにかわる。

第12条　生徒会執行部は次の業務を行う。
1　予算案の作成、決算の報告
2　各委員会、各部活動の活動方針・活動計画の作成
3　会員の要望についての検討
4　各委員会の活動内容の検討

第13条　生徒会執行部はこの規約の改正の発議を行うことができる。

第４章　議決機関

第14条　生徒総会は本会の最高議決機関であって全会員で構成する。生徒総会は6月の定例会と臨時会から成り、いずれも会長が招集する。生徒総会での決定事項は生徒会の総意とする。

第15条　生徒総会は会員の3分の2以上の出席で成立し、議事は出席者全員の過半数で決する。

第16条　臨時会は次のいずれかの場合に会長が招集する。
1　評議委員会において評議委員の3分の2以上の要求があった場合。
2　全校投票で会員の3分の1以上の要求があった場合。

第17条　評議委員会は、評議委員および生徒会執行部役員によって構成される。生徒会行事、学校生活の課題、この規約の改正等の発議、その他必要なことについて審議する。

第18条　評議委員は各学級から１名選出し、各学級を代表するものとする。

第19条　本会の決定事項について、顧問教員をとおして職員会議で提案することができる。

問　【会話文】の傍線部について、どのようにすれば今年度中に生徒総会を開くことができるか。解答欄に合うように、【資料】「生徒会規約」のことばを用いて二十字以上二十五字以内で書きなさい。

実戦模試

1 思考力問題演習

1 次の文章を読んで、あとの問いに答えなさい。〈岩手県〉

科学とは何でしょうか。

科学というと「法則」や「理論」、たとえば学校で習った「*万有引力の法則」や「*相対性理論」を思い出す人もいるかもしれません。私たちは法則や理論を「一〇〇パーセント正しい」と思いこんでしまいがちです。ところが、科学の法則や理論はそのような絶対的な真理ではないのです。

「真実は、もしかしたらあるかもしれない。ならば、少しでもそこに近づきたい」。科学とはこのように、限られた認識の手段を使って、少しずつ真理に近づいていこうとする営みだと思います。

では、①科学はどのようにして真理に近づいていくのでしょうか。

その第一歩は、「疑うこと」から始まります。

「みんなはAだと考えているけど、本当かな？」

「なぜ、こんなことが起こるのだろう？」

自然科学であれ社会科学であれ、科学的な態度を持つ人はまわりの意見を*鵜呑みにせず、それが本当なのかどうかと疑い、「なぜだろう？」「どうしてだろう？」と問いを発します。

問いを発したら、次に解答（回答）のための仮説を立てます。科学という営みでは、それぞれの学者が仮説を立て、検討していきます。仮説というのは、文字どおり「仮につくりあげた説明」なので、それが正しいかどうかを確かめなければなりません。つまり、「検証」しなければなりません。

検証にはさまざまな方法があります。わかりやすいのは実験することです。実験をしてみて、仮説が裏づけられれば、その仮説は真理に近い説明だということができるでしょう。当然、仮説とは異なる実験結果が出てくることもあります。

仮説どおりの実験結果が出ない場合は、仮説が正しいかどうか、仮説を修正しなければなりません。そして、修正した仮説が正しいかどうか、再び検証をしてみる。このように、仮説と検証を繰り返して、真理に少しでも近づこうとすることが科学という営みなのです。

ただし、仮説を検証する段階では、一人だけが実験に成功しても、その仮説は認められません。逆に言えば、誰でも同じ手順にもとづいて実験をすれば、同じ結果が出なければいけないのです。

最初の実験は、一人で行うことが多いでしょう。その実験に成功したら、実験の条件や手続きを明らかにして、誰でも再現実験をできるようにする。再現実験でも、同じような結果が出た。そうなれば仮説は、とりあえずの真理として成立するということです。これが科学的な理論や法則ということになります。

教科書に載っている「法則」「理論」にしても、最初から一〇〇パーセント正しいものと認められていたわけではありません。多くの人がチェックを重ねるなかで、徐々に「正しい」

と認められるようになっていったのです。

先に挙げた「万有引力の法則」にしても、一七世紀にニュートンが発見して以来、長い間「真理」として認められてきましたが、二〇世紀初頭、アインシュタインは誰もが正しいと思っていた万有引力の法則を疑うことで、科学をさらに前進させたのです。真理とは絶対的なものではなく、「とりあえずの真理」なのです。

科学者たちは、なぜ難しい問題を考え続けてきたのでしょうか。科学者がさまざまな発見をすることで科学は発展し、私たちの生活を豊かなものにしてきました。でも、一つひとつの発見がすぐに実用に結びつくわけではありません。実際、生活には直接的に役立たないような研究だってたくさんあります。

にもかかわらず、②科学者が研究するのはなぜでしょう。それは、問題を解くことで、「満足感」という報酬が与えられるからではないでしょうか。

この満足度が欲しくて、さまざまな科学者が研究をしていった。何かを研究したからといって、お金がもらえるわけではありません。自分のこの仮説で、世界をよりよく説明できるという満足感が、科学を発展させる原動力になったのではないでしょうか。

これはなにも自然科学だけに限りません。経済学の世界でも、経済学者がある理論を立てて、それで世の中の経済の動きが説明できれば「やったぜ！」と思うのでしょう。

あなたも、日常のさまざまな場面で、「なぜこんなふうになっているんだろう?」と疑問を持ち、自分なりの仮説を立ててみてください。その仮説でたくさんの物事をうまく説明できたら、「やったぜ！」と思うでしょう。その満足感を味わうことで、科学的な思考に慣れ親しむことになっていくはずです。

（池上彰『はじめてのサイエンス』より）

（注）万有引力の法則…ニュートンが発見した、宇宙にあるすべての物体には、互いに引き合う力が働いている、という法則。
相対性理論…アインシュタインによって確立された物理学の基礎理論。これによって万有引力の現象が説明された。
鵜呑み…人の言葉の真偽などをよく考えず、そのまま受け入れてしまうこと。

問一　本文全体を、内容の上から前半と後半の二つに分けるとき、後半はどこからになりますか。後半の初めの五字を本文中からそのまま抜き出して書きなさい。

問二　傍線部①「科学はどのようにして真理に近づいていくのでしょうか」とありますが、その過程を次の図のようにまとめたとき、[a]、[b]、[c]にあてはまる言葉はそれぞれ何ですか。本文中から、[a]と[b]はそれぞれ二字で、[c]は八字で、そのまま抜き出して書きなさい。

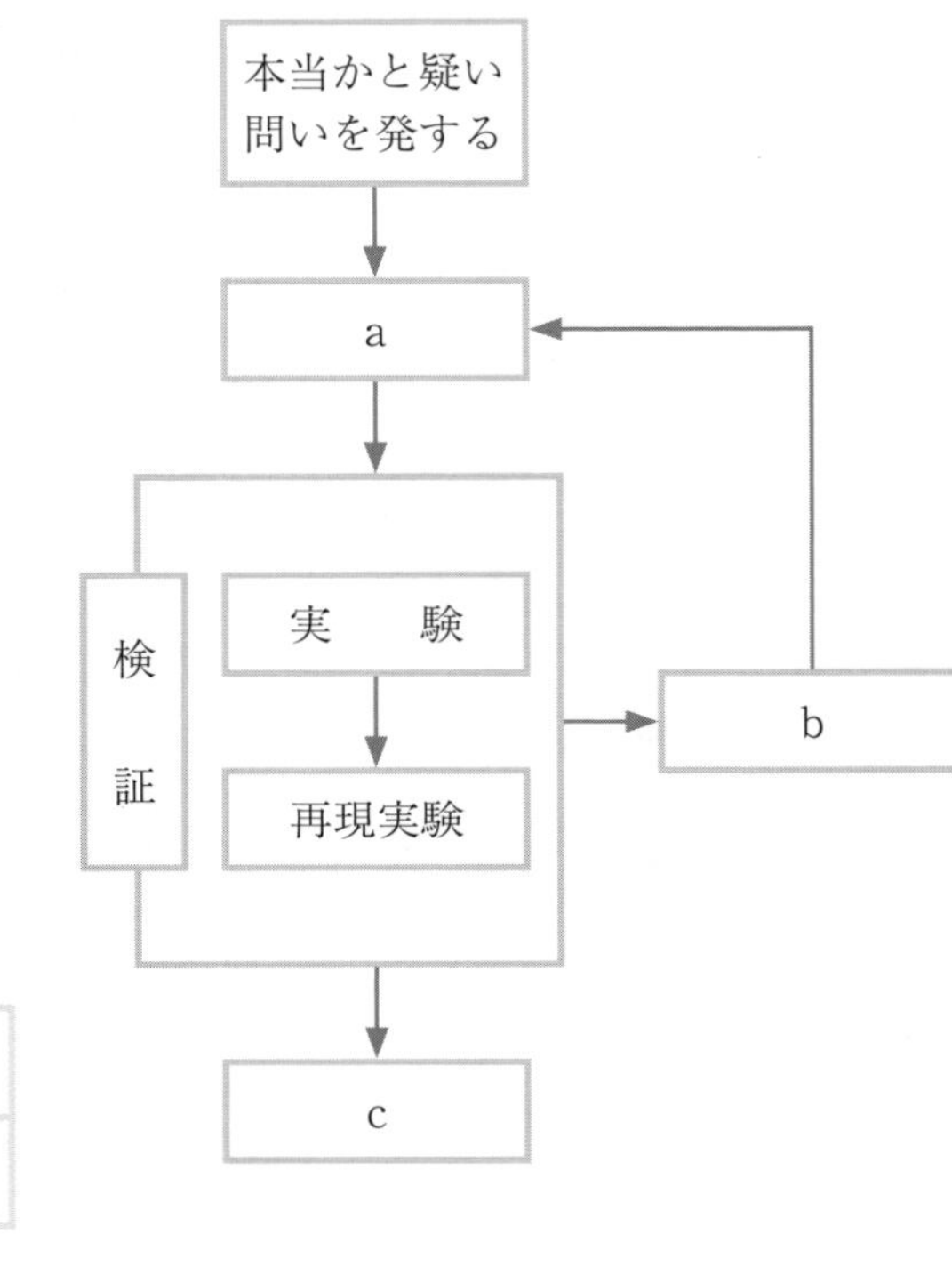

思考力

問三　傍線部②「科学者が研究をするのはなぜでしょう」とありますが、その理由を次のように説明するとき、[　]にあてはまる言葉は何ですか。その言葉を二十字以上二十五字以内で書きなさい。

[　]を得たいから。

問四　次に示す植松努（うえまつつとむ）の文章から、本文中の二重傍線部「科学という営み」の内容と共通している事柄が読み取れます。共通している事柄と、その事柄を今後のあなたの生活の中に取り入れることについて、あとの【条件】①～③に従って書きなさい。

> 燃焼試験はいつもうまくいくわけではなくて、これまでに何度もエンジンは爆発しています。液体燃料にくらべてはるかに小さなものではありますが、爆発があるのです。
>
> この実験を通して、うちの会社の子たちは、とてもいいことを学びました。それは、成功するための秘訣（けつ）です。成功するまでやることが、成功するための一番の秘訣だと思

います。成功するまでやれば、どんなに苦しいこともつらいことも、全部笑い話になります。途中でやめてしまうと、ずっと後悔することになります。

そして、努力をし続けることは大切ですが、その努力を一方向からやっているだけではダメです。方向を変え、手を替え品を替えてさまざまな試みをするのがとても大切だということを、実験を通じて学ぶことができました。

（植松努（うえまつつとむ）『NASAより宇宙に近い町工場』より）

【条件】

①原稿用紙（15字詰×10行）の正しい使い方に従って、二つの段落で構成し、七行以上十行以内で書くこと。

②第一段落では、植松の文章から読み取れる、「科学という営み」の内容と共通している事柄を書くこと。

③第二段落では、その事柄を、今後のあなたの生活の中にどのように取り入れていきたいか、具体例を示しながら書くこと。

2

次の文章と【感想の交流の一部】を読んで、あとの問いに答えなさい。〈茨城県〉

ほととぎす鳴きつる方を眺むれば
ただ有明の月ぞ残れる
後徳大寺左大臣［*千載集・夏・161番］

現代語訳 時鳥が鳴いた方を見ると、時鳥の姿は見えず、ただ有明の月が見えていることです。

後徳大寺左大臣
藤原実定。一一三九～一一九一年。公能の息。定家の従兄弟。

江戸の*川柳に「鶯も*蛙も鳴かぬ小倉山」という句があります。百人一首に鶯や蛙といった四季の景物が含まれていないことを見抜いた、するどい指摘です。かろうじてほととぎすだけは含まれていました。

そのほととぎすは、①『万葉集』では鳥の中で最も多く詠まれており、百五十六回も登場しています。初夏に中国大陸から渡来することで、夏の到来を告げる役割を担っていたからです。そのため鳴き声の良さという以上に、田植えやあの世とこの世と往来する鳥というイメージが付与されています。その初音を聞くという趣向も、既に『*後撰集』に登場しており、『*金葉集』以降にはかなり流行していました。

大まかな詠み振りの傾向として、『万葉集』では昼間にほととぎすの姿を見た上で、その声を賛美している歌が多くあります。それが平安朝になると、むしろ姿の見えぬ夜鳴く鳥として歌われています。だからこそ月との組み合わせも可能なのです。

実定歌については、上の句（聴覚）から下の句（視覚）へのスムーズな転換の中で、一声を待つ夜の時間の長さと、それに反して一瞬にして飛び去ってしまったほととぎすとの対照とが主眼になっています。一晩起き明かして、ようやく暁方に鳴いたほととぎす。その一声を聞いた驚きと喜びが素直に表出されており、妙にすがすがしいところのある歌です。もちろん視覚世界といっても、実定はほととぎすの姿は見ていません。むしろ「ほととぎす」歌の新鮮さは、②影すら見えない点に存するようです。

というよりも『千載集』161番の*詞書に「*暁聞郭公（明け方にはほととぎすの声を聞くといった趣を詠んだ歌）といへる心をよみ侍りける」とあるように、これは*題詠であり、飛び去って見えないほととぎすの残像を、心象に幻視しようとする行為こそ、この歌の面白さでした。そのために「郭公の詠には第一ともいふべきにや（ほととぎすを詠んだ歌の中では最も優れた歌であろう）」（『素然抄』）と③高く評価されているのです。

（吉海直人『読んで楽しむ百人一首』より）

（注）千載集…『千載和歌集』の略称。
川柳…俳句と同形式の短詩。こっけいなことや皮肉などを詠み込む。
蛙…カエルのこと。
後撰集…『後撰和歌集』の略称。
金葉集…『金葉和歌集』の略称。
詞書…和歌の前書き。
暁聞郭公…「暁郭公を聞く」と読む。
題詠…前もって題を設けて詠むこと。また、その作品。

【感想の交流の一部】

（雄一）後徳大寺左大臣は、月だけしか見ることができなくて残念だったね。
（恵子）えっ、どうしてそう思うの。
（雄一）だって、「ただ有明の月ぞ残れる」とあるからだよ。
（恵子）でも、文章からは、④残念な思いを表現した歌ではないと読めるよ。

よくでる
問一 いふべき の読み方を現代かなづかいに直して、ひらがなで書きなさい。
〔　　　　〕

問二 ①『万葉集』に収められている作品を、次のア～エから一つ選びなさい。
ア 君待つと我(あ)が恋(こ)ひ居(を)れば我(わ)が屋戸(やど)の簾(すだれ)動かし秋の風吹(ふ)く
イ 白鳥(しらとり)は哀(かな)しからずや空の青海のあをにも染まずただよふ
ウ 五月雨(さみだれ)の降り残してや光堂(ひかりだう)
エ 分け入つても分け入つても青い山
〔　　　　〕

問三 ②影 とあるが、最も近い意味を表している言葉を、傍線部②より前の文章中から漢字一字で抜き出して書きなさい。
〔　　　　〕

問四 ③高く評価されているのです とあるが、実定歌が高く評価されているのはなぜか。文章中の言葉を使って、三十五字以上、四十字以内で説明しなさい。

実戦模試 1 思考力問題演習

問五　文章中の内容に合っているものとして、最も適切なものを、次の**ア**～**エ**から一つ選びなさい。

ア　『万葉集』の中で鶯が最も多く詠まれたのは、鳴き声が美しかったからである。

イ　江戸の川柳には、百人一首にほととぎすが含まれていないという指摘がある。

ウ　平安時代になると、ほととぎすの姿の美しさから昼間に見ることが流行した。

エ　『後撰集』の和歌には、ほととぎすの初音を聞くことを風流だとするものがある。

〔　〕

思考力

問六　④残念な思いを表現した歌ではないと読めるよ　とあるが、恵子さんがそのように考えた理由となる部分を、文章中から三十二字で抜き出して、その初めと終わりの五字を書きなさい。（句読点を含む。）

□□□□□～□□□□□

3

佳歩さんは、「身近にある文字やことばを調べよう」という課題について、地域の公民館にかかっている額の文字とことばに関心をもち、調べて発表した。次の【佳歩さんの発表】と発表に対する【健一さんの質問】を読んで、あとの問いに答えなさい。〈岡山県〉

【佳歩さんの発表】

貴為和以

公民館には、このような額がかかっています。「和を以て貴しと為す」と①行書で書かれています。このことばは②有名な聖徳太子の十七条の憲法の一節で、「他人と仲良くすることは何よりも大切なことだ」という意味です。公民館の館長さんにお話をうかがうと、この「和」というのは、「和して同ぜず」という「論語」のことばにもあるように、単に他人の意見に同調することではないそうです。違う意見の人どうしが仲良くしていくことが大切だということを教えていることばだと思います。

佳歩さん

【健一さんの質問】

「和」は「仲良くする」という意味で、しかも、「同調する」とは違う、と佳歩さんは説明していましたが、それはどういうことですか。「和」は「同」とどう違うのですか。

健一さん

問一 ①行書で書かれています とあるが、漢字を行書で書いたときの特徴を、楷書で書いたときと比較して説明したものとして適当なものを、次のア～エからすべて選びなさい。

ア 文字によっては、筆脈が点画の連続として表れることがある。

イ 全体的に丸みがなく、直線的な点画で構成される傾向がある。

ウ 速く整えて文字を書くため、点画の省略が生じる場合がある。

エ 点画が変化することはあっても、筆順が変化することはない。

〔　　〕

問二 ②有名な聖徳太子の十七条の憲法の一節　とあるが、佳歩さんはこの部分で、「以和為貴」ということば自体が有名だということを伝えようとしている。佳歩さんの伝えたいことが正確に伝わるように、「有名な」の位置を入れ替えてこの部分全体を書きなさい。

〔　　　　　　　　　　〕

問三 健一さんが質問をした意図として適当なものを、次の**ア**～**エ**から一つ選びなさい。

ア 聞き逃した内容について、もう一度確認しようとしている。

イ 発表内容の誤りについて指摘し、訂正を促そうとしている。

ウ 話題を変え、発表者の個人的意見を引き出そうとしている。

エ 発表を聞き、生じた疑問点について解決しようとしている。

〔　　〕

思考力

問四 健一さんから出された質問に対する答えとして、「和」とはどういうことかを、**条件**に従って八十字以上百字以内で説明しなさい。

条件

1 一文目に、資料Ⅰ～資料Ⅲを踏まえて、「同」との違いがわかるように、解答欄の書き出しに続けて説明すること。

2 二文目以降に、あなたが考える具体例（見聞きしたことや体験したことなど）を挙げ、「例えば」に続けて書くこと。

資料Ⅰ **【「論語」の解説文】**

子曰(い)はく、*君子は和して同ぜず。*小人(しょうじん)は同じて和せず、と。

孔子が言うことには、「君子は、人々と協調はするが、いいかげんに妥協することはしない。（それに反して）小人は、すぐに他人に同調してしまって、本当に協調することはできない」と。

（出典　田部井文雄(たべいふみお)『漢文塾――漢字文化の魅力』）

（注）君子…人格が立派な人
小人…人徳のない人

資料Ⅱ【漢和辞典の記述の一部】

「和」①仲良くなる。
②まとまった状態。調和する。
「同」①ひとつになる。一致する。
②主体性なく合わせる。

資料Ⅲ【国語辞典の記述の一部】

「同調」ほかの人の意見や行動などに、調子を合わせること。
「協調」考え方の違う者どうしが協力し、うまくまとまること。

「和」というのは、

80

監修：栄光ゼミナール（えいこうゼミナール）

首都圏を中心に、北海道・宮城県・京都府など約300校を展開する大手進学塾。

「受験は戦略だ。」をコンセプトに、少人数クラスで生徒の学ぶ意欲を引き出し、生徒が自ら学ぶ姿勢を育てる。また、豊富なデータや経験を活かした効果的な指導で、志望校合格へ導く。

高校入試対策では、地域の出題傾向に沿った指導に定評がある。2020年の高校入試合格総数は12,000名超。各都道府県のトップ校の合格者を多数輩出し、高い合格率をほこる。

志望校合格のため、部活動や習い事との両立、家庭学習の取り組み姿勢、併願校の選定など入試当日までの学習計画立案、定期テストや内申対策など、高校受験を勝ち抜くために必要なサポートをトータルで行っている。

編集協力：有限会社マイプラン
校正　　：合同会社鼎、株式会社鷗来堂
組版　　：株式会社ニッタプリントサービス
図版　　：株式会社ニッタプリントサービス、株式会社アート工房

※本書の解説は、都道府県教育委員会から提供等を受けた問題・解答などをもとに作成した、本書独自のものです。
※本書に掲載されている解答は、都道府県教育委員会から提供等を受けた問題・解答に記載されたものではなく、本書独自のものである場合があります。
※一部の問題の図版は、元の問題から差し替えている場合がありますが、問題の主旨を変更するものではありません。

高校入試対策問題集（こうこうにゅうしたいさくもんだいしゅう）　合格（ごうかく）への最短完成（さいたんかんせい）　国語（こくご）

2020年7月31日　初版発行
2021年3月5日　再版発行

監修／栄光（えいこう）ゼミナール

発行者／青柳 昌行

発行／株式会社KADOKAWA
〒102-8177　東京都千代田区富士見2-13-3
電話 0570-002-301（ナビダイヤル）

印刷所／図書印刷株式会社

●お問い合わせ
https://www.kadokawa.co.jp/（「お問い合わせ」へお進みください）
※内容によっては、お答えできない場合があります。
※サポートは日本国内のみとさせていただきます。
※Japanese text only

定価はカバーに表示してあります。

ISBN 978-4-04-604357-3　C6081

解答・解説

この別冊を取り外すときは,
本体からていねいに引き抜いてください。
なお,この別冊抜き取りの際に損傷が生じた場合の
お取り替えはお控えください。

1 漢字の読み

問題→P8

1

(1) こくふく (2) とうしゅう
(3) もっぱ (4) なめ
(5) ほうこう (6) ききゃく
(7) しゅさい (8) ぬ
(9) つぶ (10) すこ
(11) つの (12) けいさい
(13) ゆうかん (14) えんかつ
(15) つい (16) けいしゃ
(17) はあく (18) おごそ
(19) かっさい (20) ほが
(21) しんぼく (22) かんしょう
(23) ちょうそ (24) くわだ
(25) おだ (26) めぐ
(27) たずさ (28) ふうとう
(29) じゅうたい (30) しゅうぜん
(31) あらわ (32) しゅうしゅう
(33) いしょく (34) もう
(35) どうそう (36) した
(37) えつらん (38) けんめい
(39) ようせい (40) ひた
(41) すそ (42) きせき
(43) す (44) ひび
(45) いまし (46) そうしょく
(47) げきれい (48) はいしゃく
(49) ほ (50) いわ
(51) さんちょう (52) たんさん
(53) ほこ (54) ほんやく
(55) ふんきゅう (56) せっちゅう
(57) きんさ (58) あ
(59) もよお (60) いた
(61) そむ (62) いつだつ
(63) ていさい (64) いんえい
(65) そ (66) ふく
(67) ぎんみ (68) せつり
(69) りれき (70) はくり
(71) かか (72) はず
(73) たづな (74) ぬぐ
(75) いちじる (76) つ
(77) しゅうそく (78) かんきゅう
(79) おろ (80) くじょ
(81) ふぶき (82) はば
(83) おお (84) せんりつ
(85) まかな (86) ただよ

解説

(2)「踏襲」は、それまでのやり方をその通りに受け継ぐことである。

(3)「専」の音読みは「セン」。「専門・専科」などの熟語がある。

(6)「棄却」は、捨て去ること、裁判所が申し立てについて無効の言い渡しをすることである。

(11)**「募」の漢字を書くときは「力」を「刀」と書かないように注意すること。**

(14)「円滑」は、支障なく物事が進むこと。

(15)**「費やす」の送り仮名を「費す」としないように注意すること。**

(18)「厳」には「厳（きび）しい」と「厳（おごそ）か」の訓読みがある。

(19)「喝采」は、どっとほめる声のことである。

(22)「緩衝」は、二つの対立するものの間に入り、不和や衝突をやわらげることである。

(23)「彫塑」は、彫刻と塑像のこと。

(25)「穏」の音読みは「オン」。形が似ている「陰」や「隠」と間違えないこと。

(30)「繕」の訓読みは「つくろ（う）」である。

(33)「委嘱」は、特定の仕事を頼むことである。

(41)「裾」と(43)の「据」は形が似ているので間違えないようにすること。

(48)「拝」を書く際には、つくりの横棒は四本であることに注意する。

(56)「折衷」は、二つのことからほどよいところをとること。「和洋折衷」とは、日本と西洋の習慣をほどよく取り混ぜることである。

(57)「僅差」はわずかの差、ということである。

(67)「吟味」は、詳しく調べることである。

(73)**「てづな」「たずな」としないこと。**

(78)「緩急」は、ゆるやかなことときびしいこと。ゆっくりなことと速いことである。

(81)「吹雪」は、読みだけでなく書くこともできるようにすること。

2 漢字の書き

1

問題→P12

(1) 貸　(2) 勇　(3) 鉄則
(4) 汽笛　(5) 率　(6) 委
(7) 寒　(8) 劇　(9) 植樹
(10) 刻　(11) 照　(12) 順序
(13) 配置　(14) 泳　(15) 飼育
(16) 届　(17) 警備　(18) 複雑
(19) 耕　(20) 栄　(21) 短縮
(22) 貿易　(23) 暮　(24) 果
(25) 厚　(26) 往復　(27) 推進
(28) 衛星　(29) 預　(30) 提供
(31) 謝辞　(32) 練　(33) 警笛
(34) 針　(35) 洗　(36) 砂糖
(37) 運賃　(38) 登頂　(39) 費
(40) 浴　(41) 省　(42) 準備
(43) 貯蔵　(44) 冷　(45) 展覧
(46) 源　(47) 備　(48) 往来
(49) 専門　(50) 苦労　(51) 鏡
(52) 営　(53) 救急　(54) 操
(55) 納得　(56) 精算　(57) 庭
(58) 倉庫　(59) 包装　(60) 射
(61) 推測　(62) 候補　(63) 提唱
(64) 徒労　(65) 盛　(66) 支
(67) 逆　(68) 似　(69) 批評
(70) 混雑　(71) 編　(72) 退
(73) 支障　(74) 破竹　(75) 歴訪
(76) 制約　(77) 縮　(78) 唱
(79) 喜劇　(80) 苦笑　(81) 節

解説

(1) **「貨」と間違えないこと。**
(2) 送り仮名を「勇しい」としないこと。
(3) 「鉄則」とは、ゆるぐことがないきまりのこと。
(4) 「汽」のつくりを「気」としないこと。
(5) 「率いていく」を熟語で表すと「引率」となる。
(6) 「季」と間違えないこと。
(10) 「核」と間違えないこと。
(12) 「順」を「準」と間違えないこと。
(18) 「複」を「復」と間違えないこと。
(20) **「栄」の送り仮名を「栄る」としないように注意すること。**
(24) 「果」を使った「果物（くだもの）」の読みと書きにも注意する。
(25) 同じ読みの「熱い」「暑い」「厚い」の区別に注意する。「風呂が熱い」「夏は暑い」「本が厚い」のように使う。
(28) 「衛生」と間違えないこと。「衛生」は、「食品を衛生的に扱う」のように使う。
(31) 「謝辞」とは、お礼やおわびの意味。「謝辞を述べる」は、感謝の気持ちや謝罪の気持ちを述べるということ。
(37) 「賃」を「貸」「貨」と間違えないこと。
(49) **「専」には、最後に「、」を打たないこと。また、「門」を「問」としないこと。**
(54) 「操」の送り仮名を「操つる」としないこと。
(61) 「測」を「則」「側」と間違えないこと。
(62) 「補」のへんを「ネ」としないこと。また、「捕」と間違えないこと。
(63) 「提唱」は、ある主張を説明すること。
(64) 「徒労」は、むだな努力のこと。
(67) **「逆」の送り仮名が「逆う」ではないことに注意する。**
(68) 「似」を「以」としないこと。
(69) 「批」を「比」と間違えないこと。
(74) 「破竹」は、竹を割ること。また、「破竹の勢い」の略で、止めることができないほどの勢いのこと。「破竹の勢い」は読みにも注意すること。
(75) 「歴訪」とは、あちこちの土地や人を次々に訪れること。
(76) 「制約」とは、ある条件によって規制すること。「制」を「製」と間違えないこと。

3 部首・画数・筆順

問題→P16

1 イ

解説 それぞれ楷書で書くと**ア**「港」12画、**イ**「都」11画、**ウ**「烈」10画、**エ**「話」13画である。「掘」は11画なので正解は**イ**である。

2 ア

解説 ① 楷書では中央、左、右の筆順であるが、行書では、左、中央、右の筆順になっている。よって、「筆順の変化」が適当である。筆順が変化するもの以外にも、のぎへんなどのように形が異なるものにも注意しておくこと。

② 楷書では左払いの次に横棒を引き、2画になる。行書では左払いに続けて横棒を引いているので、画数は1画になる。よって、「左払いからの連続」が適当である。よって、**ア**が正解である。

3 ア、ウ

解説 楷書のくさかんむりの筆順は、横棒、左縦棒、右縦棒の順で3画ある。行書では、横棒の前に縦棒が1画目となり、2画目と3画目は連続して書く。そのため総画は5画になる。よって、**ア**と**ウ**が正解である。

4 エ

解説 **エ**のきへんの筆順は、楷書では次の通りである。

一 十 才 木

行書では3画目と4画目を連続して書き、楷書の4画目が省略されている。**ア**と**イ**は、3画目と4画目を連続して書いているが省略はしていない。**ウ**は、いくつかの部分で連続して書いているが、やはり点画の省略はない。よって、**エ**が正解である。

5 エ

解説 楷書で書くと、**ア**は「記」で10画、**イ**は「烈」で10画、**ウ**は「兼」で10画、**エ**は「習」で11画である。よって、正解は**エ**である。

6 イ

解説 楷書で書くと、「誠」は13画、**ア**の「糖」は16画、**イ**の「慈」は13画、**ウ**の「紹」は11画、**エ**の「極」は12画である。よって、正解は**イ**である。

7 ウ

解説 楷書で書くと、「開」は12画、**ア**は「翌」で11画、**イ**は「暖」で13画、**ウ**は「勤」で12画、**エ**は「種」で14画である。よって、正解は**ウ**である。「勤」の漢字の8、9、10画目の横棒の数を間違えないこと。画数を数えるときは、漢字を正確に書くことが大切である。

8 ア

解説 筆脈とは、実際には連続していない点画と点画の間が、筆が通ったようにつながっていることである。文字と文字の間にも筆脈がある。「風」の場合、↓で表したところである。また、5、6画目や7、8、9画目は連続して書かれている。よって、正解は**ア**である。

風

9 イ

解説 「閉」の部首はもんがまえである。**ア**の「同」の部首は「くち」、**イ**の「関」の部首はもんがまえ、**ウ**の「両」の部首はいち、**エ**の「円」の部首はどうがまえ（けいがまえ）である。よって、**イ**が正解である。

4 ことわざ・慣用句

問題→P20

1 イ

解説

ア 悪事千里を走る…悪い行いはあっという間に広がるということ。

イ 多勢に無勢…少人数で多勢に向かってもかなわないこと。

ウ 出る杭は打たれる…他より優れている者は、憎まれたり制裁をうけたりするということ。

エ 弘法も筆の誤り…名人でも失敗することがあるということ。**似た意味のことわざには、「河童の川流れ」などがある。**

2 ウ

解説 「藪から棒」は、突然のことに驚くという意味の慣用句である。

3 イ

解説 **ア**は「猫も杓子も」、**イ**は「虫がいい」、**ウ**は「猫に小判」、**エ**は「猫の額」である。よって、他の三つと異なるのは**イ**である。

4 歯

解説 「歯を食いしばって」である。「疲れてきたが、来週には試合があるので、歯を食いしばって練習を続けた」のように用いる。

5 エ

解説 **ア**「一を聞いて十を知る」は、一部分を聞いてすべてを理解すること。**イ**「ちりも積もれば山となる」は、ささいなことも積もり重なれば大きなものになるということ。**ウ**「待てば海路の日和あり」は、焦ることなく待っていればよいことがやってくるということ。**エ**「百聞は一見にしかず」は、何度も聞くよりも、一度見ることの方が勝っているということ。問題の例文では、**観光用パンフレットを見る（百聞）より、実際の景色を見る（一見）と雄大さがわかった、**ということなので**エ**があてはまる。

6 骨

解説 「骨を折る」は、「彼がなくしたものを探すために、みなで骨を折った」のように使う。

7 イ

解説 「高をくく（括）る」は、程度を低いと決めてかかること、あなどること、である。よって、**イ**があてはまる。

8 ウ

解説 **ア**の「暗礁に乗り上げ」は、予想外の困難のために、ことの進みが止まること。例文のように、会議が暗礁に乗り上げたならば、滞りなく進行するとは考えられないので、使い方は適当ではない。**イ**の「身から出たさび」は、自分の行いのために自らが苦しみや災難を受けること。例文のように「努力が報われる」というような良いことが起こることに使うのは適切ではない。**ウ**の「歯が立たなかった」は、相手が強すぎたため対抗できないこと。**例文のように、「前回歯が立たなかった相手に」は、前回全くかなわなかった相手、という意味で、そのような相手に例文後半の「練習のかいがあって今日は勝てた」はかみ合っている。エ**の「猫に小判」は、価値あるものを預けても持つ人によっては役に立たないこと。その意味の「猫に小判」は**エ**の例文中で用いられることは適切ではない。よって、文の意味が成り立っているのは**ウ**である。

9 ウ

解説 **ア**の――線部は、是が非でも、何が何でも、という意味で用いられている。正しい表現は「石にかじりついても」である。**イ**の――線部は、思い通りにはいかないという意味で用いられている。正しい表現は「そうは問屋が卸さない」である。**ウ**の――線部は、ごまかしたという意味である。「言葉を濁す」は正しい。**エ**の――

線部は、事実が公表されたという意味で用いられている。正しい表現は「明るみに出た」である。よって、**ウ**が正しい。

PART1 漢字・語句

5 語句の意味

問題→P24

1 **エ**

解説
「たたみかけた（る）」は、「彼には聞きたいことがたくさんあったので、たたみかけて質問をした」のように使う。

2 **(例) 理解しがたい**

解説
「わかりかねる」は、「彼女の真意はわかりかねる」のように使う。

3 (1) **ウ** (2) **イ**

解説
(1) **「おそらく」は、推察の意味を含んでいる。**
ア「とっくに」は、「約束していた時間はとっくに過ぎていた」のように用いる。
イ「もしも」は、「もしも明日雨が降ったら、遠足は延期になる」のように用いる。
エ「なくなく」は、泣きたいほどの気持ちで、という意味である。「なくなく落としたハンカチを探すことをあきらめた」のように使う。

(2) 例文は、音楽会に人がどれだけ集まるのかわからないという内容である。
ア「勝負がつかない」は、勝ち負けが決まらないという意味なので、あてはまらない。
イ「見当がつかない」は、見込み、予想がつかない、という意味なのであてはまる。書くときは「見当」を「検討」としないように気をつけること。
ウ「条件がつかない」は、条件がないということなのであてはまらない。
エ「白黒がつかない」は、結論が出ないという意味なので、あてはまらない。

4 (1) **ア** (2) **エ** (3) **イ**

解説
それぞれ、次のように用いる。
(1) (例) うそも方便で、ときにはうそが必要なときもある。
(2) (例) 彼の本意は、しばらくたってから理解できるようになった。
(3) (例) 今生の別れではないのだから、そんなに悲しむことはない。

5 **a エ　b ア**

解説
アの「弁が立つ」は、雄弁なこと、人に感動を与えるような話ができること。**イ**の「波が立つ」は、波が起こること、争いが起こることなど。**ウ**の「気が立つ」は、不満があっていらだつこと。**エ**の「市が立つ」は、市場が出ること。
a 「事物が新たに設けられること」なので**エ**の「市が立つ」があてはまる。
b ⑦は「すぐれた性能が発揮される」という意味で用いられているので「弁が立つ」があてはまる。

6 **ウ**

解説
「もうすぐテストが始まるが、テスト前の勉強をしっかりとしていなかったので、心もとない」のように用いる。

7 **ア**

解説
「のっぴきならない」は、退くことも避けることもできず、どうしようもない、動きをとることできない、という意味である。それぞれの「のっぴきならない」に「どうしようもない」をあてはめてみて、意味が成り立つものを探す。**ア**は、「彼は、どうしようもない立場に追い込まれた」となり、合っている。**イ**は、「今日は、どうしようもない好天になりそうだ。」となり、合っていない。**ウ**は、「彼女は、どうしようもない花束を買ってきた」となるが、「退くことも避けることもできず」のどうしようもないではないので、合っていない。**エ**は、「犬は、どうしようもない速度で走っていった」となり、合っていない。よって、正解は**ア**である。

8

(1) ウ
(2) イ

解説

(1) 「汎用」は「汎用性のある道具は、工夫によっていろいろな場面で使うことができるため、重宝がられる」のように用いる。「はんよう」という読み方にも注意する。

(2) 「大局」は「彼は、大局的な物事の見方をして結論を出す」のように用いる。

PART1 漢字・語句

6 四字熟語・故事成語

問題→P28

1 イ

解説

ア 美辞麗句…うわべだけを美しく飾った言葉で、一般に中身や誠実さがないことにいう。

イ 一部始終…最初から終わりまで。

ウ 大同小異…おおまかには同じだが、細かい部分では異なっていること。

エ 一進一退…進んだり戻ったりすること。よくなったり悪くなったりすること。

オ 起承転結…漢詩の構成。物事の順序や組み立てのこと。

以上の意味と文章の内容が合っていないのは**イ**である。

2 ウ

解説

ア 試行錯誤…いろいろ試し、失敗を繰り返しながら、先へ進むこと。

イ 有言実行…口に出したことは実行するということ。

ウ 意気投合…気が合い、仲がよくなること。

エ 一刀両断…ひとたちでまっぷたつにすること。断固として処置すること。

3 (例) 朝寝坊をして遅刻した兄の失敗を

解説

「他山の石」は、誰かの失敗を自分のために役立たせるという意味である。

PART2 文法

1 文・文節・単語

問題→P32

1 ③

解説

文節の関係は、主語・述語、修飾・被修飾、接続、独立、並立、補助の六種類がある。文節の関係を問う問題では、補助の関係が頻出しているので、補助の関係を作る形式動詞（補助動詞）や形式形容詞（補助形容詞）を押さえておくことが大切である。

問の①の「ある」と④「みる」は形式動詞。②「ない」は形式形容詞。いずれも補助語の文節なので、①②④は、補助の関係である。③は、修飾・被修飾の関係なので、他と異なるのは③である。

2 ウ

解説

単語に区切るには、まず文節に区切り、各文節に含まれる自立語と付属語を一つ一つ確認していかなければならない。特に活用のある単語は、活用形を把握しておくことが大切である。

問の傍線部分「伝えられた」は一文節で、品詞分解すると、「伝え」は下一段活用の動詞「伝える」の未然形。「られ」は助動詞「られる」の連用形。「た」助動詞「た」の連体形である。

3 エ

解説

問の傍線部分を文節に区切ると「考えて／みたい」となる。「考えて」の「て」は接続助詞で、補助語に続く。「みたい」は、形式動詞「みる」の連用形「み」に助動詞「たい」がついたもので、補助語の文節である。

4 イ

解説

文節に分けるときは、「ように」のような長めの付属語や、「こと」のような形式名詞、また、「見ていた」のような補助の文節に注意すること。

問の傍線部分を品詞分解すると、「あきれ」は下一段活用の動詞「あきれる」の連用形。「た」は助動詞「た」の連体形。「ように」は助動詞「ようだ」の連用形。「わたし」は名詞。「の」は格助詞。「こと」は形式名詞。「を」は格助詞。「見」は上一段活用の動詞「見る」の連用形。「て」は接続助詞。「い」は上一段活用の動詞「いる」の連用形。「た」は助動詞の終止形である。このうち自立語は、「あきれ」「わたし」「こと」「見」「い」の五つで、これらがそれぞれ文節の初めになっているイが正しいとわかる。

5 3

解説

自立語の数は文節の数と同じなので、文節に分ければおのずと自立語の数がわかる。

問の二重傍線部を文節に区切ると「他の／誰かなのかは／知らないが」となるので、自立語は三つである。品詞に分解すると、「他」は名詞。「の」は格助詞。「誰」は名詞。「か」は副助詞。「な」は助動詞「だ」の連体形。「の」は格助詞。「か」は副助詞。「は」は副助詞。「知ら」は五段活用の動詞「知る」の未然形。「ない」は助動詞の終止形。「が」は接続助詞である。

6 結構・起き・い

解説

自立語を抜き出す場合は、活用のある自立語（＝用言）に注意すること。 活用形をきちんと把握しておかなければ、助詞や助動詞をうまく切りはなせない。

問の二重傍線部を文節に区切ると「結構／起きて／います」となる。品詞分解すると、「結構」は副詞。「起き」は上一段の動詞「起きる」の連用形。「て」は接続助詞。「い」は上一段活用の動詞「いる」の連用形。「ます」は助動詞の終止形である。

7 4

解説

付属語を抜き出す場合も、まず文節に分けて自立語を抜き出し、残った部分の品詞を特定して抜き出すこと。 付属語は一文字ずつがそれぞれ別の品詞であることもよくあり、間違えやすいので注意すること。特に助動詞は、その活用形も把握しておくことが大切である。

問の二重傍線の部分を文節に区切ると、「恐れない／者の／前に／道は／開ける」となる。品詞分解すると、「恐れ」は下一段活用の動詞「恐れる」の未然形。「ない」は助動詞の連体形。「者」は名詞。「の」は格助詞。「前」は名詞。「に」は格助詞。「道」は名詞。「は」は副助詞。「開ける」は下一段活用の動詞の終止形である。よって、付属語は、「ない」「の」「に」「は」の四つである。「開ける」のように自立語のみの文節もあるので注意すること。

PART2 文法

2 動詞・形容詞・形容動詞

問題→P36

1 イ

解説

動詞の活用形は、未然形・連用形・終止形・連体形・仮定形・命令形の六種類がある。活用形には同じ形もあって紛らわしいので、活用の種類ごとに、活用表に従って、接続する語とともに覚えておくことが大切である。

問の「食べ」は下一段活用の動詞「食べる」で、助動詞「た」に続いているので連用形である。選択肢の**ア**「捨て」は下一段活用の動詞「捨てる」で、助動詞「ない」に続いているので未然形。**イ**「着」は上一段活用の動詞「着る」で、接続助詞「て」に続いているので連用形。**ウ**「走れ」は五段活用の動詞「走る」で、接続助詞「ば」に続いているので仮定形。**エ**「呼ぶ」は五段活用の動詞「呼ぶ」で、名詞「声」に続いているので連体形である。

2 〔形容詞〕遠い　〔活用形〕連体（形）

解説

形容詞は活用する自立語で、言い切りが「～い」である品詞。形容詞の活用は一種類なので、活用表に従って覚えること。

問の傍線部を文節に分けると、「雷に／怯（おび）えて／目を／閉じ、／耳を／ふさいで／いた、／遠い／日のように」となる。自立語のうち用言を言い切りの形にすると「怯える」「閉じる」「ふさぐ」「いる」「遠い」となる。このうち形容詞は「遠い」である。また、直後の名詞「日」を修飾しているので連体形であることがわかる。

3 かろ

解説　**形容詞の活用語尾は、未然・連用・終止・連体・仮定の順に、「かろ・かっ・く・い・い・けれ」となる。これを呪文のように唱えて覚えておけば大変役立つ。**

問の「よい」は、「う」に続いているので、あてはまるのは、未然形の「かろ」であることがわかる。

4 ア

解説　**品詞の識別には文中でどのような役割をしているかを押さえておくことが大切。**

問の「丁寧に」は「説明しようと」の文節を修飾する連用修飾語である。「～に」という形から、活用すれば形容動詞、しなければ副詞と考えられ、「丁寧だ」「丁寧な」ともいえるので形容動詞だとわかる。形容動詞の活用語尾は「だろ・だっ・で・に・だ・な・なら」となる。選択肢の**ア**「貴重な」は形容動詞「貴重だ」の連体形なのでこれが正解。**イ**「悲しみ」は転成名詞。**ウ**「困っ」は五段活用の動詞「困る」の連用形（撥音便）。**エ**「明るい」は形容詞の連体形である。

5 エ

解説　**動詞の活用の種類は、動詞に打消しの助動詞「ない」をつけて活用させ、活用語尾の段で判断できる。**ア段なら五段活用、イ段なら上一段活用、エ段なら下一段活用である。また、動詞に接続する主な語を活用表に従って、「ない・う（よう）・ます・た・—。・ば・—。」などのように、順に覚えておくことも大切である。

問の「避け」は、助動詞「ます」に続いているので連用形だとわかる。また、助動詞「ない」をつけて未然形で判断すると、「避けない」とエ段になるので、下一段活用だとわかる。

PART2 文法

3 敬語

1 （例）いただけますか

問題→P40

解説　**謙譲語は、謙譲語の動詞を用いるか、「お・ご～する・いたす」を用いるかの表現方法がある。**

問の「もらえますか」に含まれる動詞「もらえる」は「もらう」の可能動詞なので、謙譲語「いただく」の可能動詞「いただける」を用いて、「いただけますか」とすればよい。また、「頂戴する」を用いて、「頂戴できますか」としてもよい。

2 ウ

解説　**相手の動作に用いるのが尊敬語、自分や自分の身内の動作に用いるのが謙譲語であるから、それが適切に用いられているか判断する。また、尊敬語と謙譲語を併せて用いたり、尊敬語を重複して用いたりするなど、敬語表現として正しくないものもあるので注意すること。**

問は、「（私が）先生から借りた本で」という文脈なので、「借りた」を謙譲語にすればよい。選択肢の**ア**は尊敬語の「お～になる」と助動詞「れる」を重複して用いた不適切な表現。**イ**は、「お～になる」を用いた尊敬語で不適切。**ウ**は、「お～する」を用いた謙譲語なので適切。**エ**は、「借りてもらった」の謙譲語になっているので不適切。

3 読まれて

解説　**尊敬語は、尊敬語の動詞を用いるか、「お・ご～になる・なさる」を用いるか、助動詞「れる・られる」を用いるかの表現方法がある。**

問の傍線部の動詞「読む」には尊敬語の動詞がないので、「お～になる」を用いて「お読みになって」とすれば尊敬語にできる。ただし、これだと二文節になって、**問**の指示に合わないので、助動詞を用いて「読まれて」とするのが正解である。

4 助言をしてくださって

解説　**問**の傍線部「くれて」の動詞「くれる」の尊敬語「くださる」を用いて、「助言をしてくださって」とするのが正解である。「くださる」は補助語なので、「下さる」と漢字では書かないこと。また、尊敬語と謙譲語を間違えて、「助言をしていただいて」としないこと。

5

（例）ご覧になります

解説

問の傍線部に対する主語は、「地域の方々」なので、「いらっしゃって」と同様に尊敬語にするべきである。傍線部の動詞「拝見する」は「見る」の謙譲語なので、尊敬語「ご覧になる」を用いて、「ご覧になります」とするのが正解である。**助動詞を用いて「見られます」とすることも考えられるが、受け身や可能の意味と紛らわしいので、「見る」のように尊敬語の動詞がある場合は助動詞は用いない方がよい。**

6

ア

解説

問の（　）に入るのは、「見せてもらえるか」という意味の敬語表現がふさわしい。「見せてもらう」のは、先生に対して話している自分なので謙譲語を用いて、「見せていただけますか」とする**ア**が正解である。**イ**は「見せる」に謙譲語「お見せする」を用い、「もらう」には謙譲語を用いていないので不適切。**ウ**は尊敬語「ご覧になる」を用いているので不適切。**エ**は、謙譲語「拝見する」と「する」の尊敬語「なさる」を併せて用いているので不適切。

7

（例）いただきました

解説

問の傍線部「もらいました」に含まれる動詞「もらう」の謙譲語「いただく」を用いて、「いただきました」とすればよい。また、「頂戴する」を用いて、「頂戴しました」としてもよい。

8

（例）主語は先生なので尊敬語を用いるべきなのに、謙譲語の「申す」を用いているから。

解説

敬語は、それが用いられる動作の主語によって、尊敬語か謙譲語のどちらを用いるべきかを判断する。

問では、指定している「主語」「謙譲語」という言葉をどのように使って書くかが大事である。この文の主語は「先生が」で、述語は「申しました」なので、通常尊敬語を用いるべきところに謙譲語を用いているところが適切でないのである。

PART2 文法

4 識別問題

問題→P44

1

ア

解説

「ない」は、文節に区切って、単語に区切れば見分けられる。

文章中の「ない」を含む文節を単語に分けると、「食べ・られ・ない・けれど」となることから、この「ない」は助動詞だとわかる。これと同じ助動詞の「ない」は**ア**である。助動詞「ない」は「ぬ」と置き換えられる。**イ**は形容詞の「ない」。**ウ**は「もったいない」という形容詞の一部。**エ**は「遠くはない」と「は」を補えるので形式形容詞である。

2

ウ

解説

「できない」は、上一段活用の動詞「できる」の未然形に打消しの助動詞「ない」の終止形がついたもので、この「ない」と同じ助動詞の「ない」は**ウ**である。選択肢の**ア**と**オ**は、それぞれ「切ない」「少ない」という形容詞の一部。**イ**と**エ**は、形容詞の「ない」である。

3

エ

解説

「だ」は助動詞か、形容動詞または助動詞の一部かである。

文章中の「だ」は断定の助動詞で、これと同じものは**エ**である。**ア**は伝聞の助動詞「そうだ」の一部。**イ**は形容動詞「静かだ」の活用語尾。**ウ**は過去の助動詞「た」の濁音化である。

4

ア

解説

「で」は助動詞か、形容動詞の一部で、直前

の単語に着目して区別する。 直前が名詞で「〜である」「〜でない」の形なら断定の助動詞「だ」の連用形。これ以外で、直前が名詞であれば格助詞の「で」。直前が動詞の音便形（イ音便か撥音便）であれば接続助詞「て」の濁音化。直前が形容動詞の語幹であれば、形容動詞の活用語尾の連用形である。

例文中の「で」は、接続助詞「て」の濁音化で、これと同じものは**ア**である。**イ**は形容動詞「立派だ」の連用形の活用語尾。**ウ**と**エ**は格助詞で、**ウ**は手段、**エ**は時間を限定する働き。

5 ウ・エ

解説 **「ある」は、動詞か連体詞である。**

文章中の「ある」は動詞で、同じく動詞のものは、**ウ**と**エ**である。**ア**と**イ**は連体詞の「ある」である。

6 ウ

解説 **「と」は、格助詞、接続助詞、他の品詞の一部の三つに分類され、格助詞と接続助詞はその働きによってさらに分類される。**

文章中の「と」は格助詞で、引用を示す働きをしており、これと同じものは**ウ**である。**ア**は格助詞で相手を示す働き。**イ**は接続助詞で順接の仮定条件を示す働き。**エ**は並立を示す格助詞である。

7 ア

解説 **「ように」は助動詞「ようだ」の連用形で、用言の連体形や体言＋「の」、連体詞「この」などに続く。** 意味によって次のように分類される。

①比喩…「（まるで）真夏のように暑い」
②例示…「（例えば）漱石のような作家」
③不確かな断定…「壊れていないようだ」
④動作・作用の目的を示す…「雑にならないように気をつける」

文章中と**ア**の「ように」は、①の比喩。**イ・ウ・エ**は、④の働きの例である。

8 ウ

解説 「ない」を含む文節を単語に区切って判断する。**ア・イ・エ**は「ない」が単語として切りはなせるので、打消しの助動詞。**ウ**は切りはなせないので、形容詞「少ない」の一部であるとわかる。

9 ウ

解説 「た」は助動詞「た」の終止形か連体形で、意味によって次のように分類される。

①過去…「昨夜は遅くにごはんを食べた。」
②完了…「やっと宿題が終わった。」
③存続…「汚れたシャツを着ている。」

文章中の「た」は①の過去で、これと同じ意味で用いられているのは**ウ**である。**ア**と**エ**は③の存続。**イ**は②の完了である。

10 ア

解説 **例文**中の「られる」は自発で、これと同じ意味で用いられているのは**ア**である。**イ**は受け身。**ウ**は可能。**エ**は尊敬である。

自発の助動詞「れる・られる」は、受け身や可能とまぎらわしいが、自発の意味が添えられる動詞は、「感じる」「案じる」「思い出す」「しのぶ」「悔やむ」など人間の主観的な心の動きに関する語に限定されるので、予め注意しておくこと。

11 エ

解説 文章中の「で」は格助詞で、これと同じものは**エ**である。**ア**は断定の助動詞「だ」の連用形。**イ**は接続助詞「て」の濁音化。**ウ**は形容動詞「穏やかだ」の連用形の活用語尾である。

12 エ

解説 **「よう」は、助動詞「よう」または、助動詞「ようだ」の一部だと考えられる。** 助動詞「よう」は、五段活用以外の動詞（五段活用では「う」）の未然形に接続し、次の三つの意味に分類される。

①推量…「そんなことできようはずがない」

②意志…「明日こそ早く起きようと決めた」
③勧誘…「君も一緒に出かけようよ」
　文章中の「よう」は②の意志か、③の勧誘の意味だと考えられる。**ア**は比喩を表す助動詞「ようだ」の連用形「ように」の一部。**イ**は①の推量で、「消えよう」は「消えるだろう」という意味。**ウ**は不確かな断定を表す助動詞「ようだ」の一部。**エ**は②の意志の意味。よって、**エ**が正解である。

13　**オ**

解説
　文章中の傍線部「さらに」は副詞なので「に」が副詞の一部であるものを選べばよい。**ア**は助動詞「ようだ」の連用形「ように」の一部。**イ**・**ウ**・**エ**は格助詞の「に」で、**イ**は時間（時期）、**ウ**と**エ**は目的を示す。**オ**は、副詞「大いに」の一部であるのでこれが正解である。

14　**3**

解説
　文中の傍線部の「と」のうち、**ア**は格助詞で相手を示す働き。**イ**と**ウ**は接続助詞で順接の仮定条件を示す働き。この接続助詞「と」は、接続詞「すると」に置き換えられることで確認できる。**エ**は副詞「晴れ晴れと」の一部である。よって、3が正解である。

15　**エ**

解説
「らしい」は、推量の助動詞（根拠のある推量）か、「〜らしい」という形容詞の一部の場合がある。
　文章中の「らしい」と、**エ**は推量の助動詞。他は形容詞の一部で、**ア**は「王者らしい」、**イ**は「かわいらしい」、**ウ**は「春らしい」がそれぞれ形容詞である。
　名詞に助動詞の「らしい」がついた場合と、名詞に接尾語「らしい」がついて形容詞になったものとは、特にまぎらわしいので要注意。
「その花が咲くのは冬らしいよ。」…助動詞
「冬らしい気候になった。」…形容詞の一部

PART3 読解①

1 指示語・接続語（説明的文章）

問題→P51

1

問一　パンダは〜いうこと
問二　（例）善くも悪くも人間が動物に対して勝手に抱くイメージ。（25字）
問三　・考える
　・言葉を使う
　・道具を扱う（道具を使う）
問四　イ
問五　（例）動物が個体間のコミュニケーションをとっている。（22字）
問六　エ
問七　（例）ヒトとチンパンジーのDNAが98％以上同じであるから。
問八　（例）世界の人口もエネルギー利用も、今ほど多くなかったから。
問九　a　正しく知る　b　人間中心

解説
問一　**設問文に「どのようなことを確信するように」とあるので、事実ではなく筆者の意見を述べた箇所を探す。**「パンダの調査」について具体的に述べた第一段落を探すと、——線①を含む文の二つ後には「パンダの調査」についての筆者の感想が、三つ後には「そうした体験をした者として言いたい」こと、つまり筆者の意見が書かれている。したがって、三つ後の文の、「パンダは……野生動物だということ」が筆者の「確信」であることがわかる。
問二　指示語は原則的に前の内容を指すので、前の文を確認すると、「パンダのイメージは良い意味での……動物もいる」とあり、人が「動物」に対して持つ「イメージ」で、「良い」ものと悪いものの両方があることがわかる。この「偏見」については最終段落で「相手を知らないために……誤解する」と表現されている。よって、「偏見」は「偏った見方」という意味であることを踏まえ、「イメージ」が「勝手な」ものであることも含めてまとめればよい。
問三　**解答欄の「人類だけが……ことができる」という形に着目**して、人類だけができると信じられてきたことを述べた箇所を探すと、——線③の直後に「ヒトだけが考えることができ……道具を扱える」とある。

問四　空欄の前の文では、「ヒトだけが考えることができ」ると述べているが、空欄の後では、「考える動物はいくらでもいる」「考えない動物などいないのではないか」と述べ、前後で反対の内容を述べているので、逆接の接続語の**イ**「だが」が入る。

問五　傍線④の「その」は、直前の「個体間のコミュニケーションをとる動物は無数に」いることを指している。設問文の空欄の後に「ということ」があるので、これに続くように指定された字数でまとめる。

問六　**「専売」とは、あるものを独占的に売ることである。**ここでは、傍線④の直後に「道具を使う動物は限られるものの、やはりいて」とあり、これまで人間は「道具を使う」のは「ヒトだけ」の能力だと思い違いをしていたが、実際は一部の動物もその能力を持つことがわかったのである。よって、人間だけの特別な能力ではないという意味に近いのは、「特定の人がもつ優越的な権利」という意味の**エ**「特権」が最も適切である。

問七　**「強弁」とは「無理に言い張ること、こじつけ」という意味である。**――線⑥を含む文から、「この事実」が、人間とチンパンジーは「まったく違う」という主張が「こじつけ」だと明らかにした、という流れだとわかる。「2%以下の違い」を明らかにした「この事実」とは何かを探すと、前の文から、「ヒトとチンパンジーのＤＮＡが98%以上同じであるということ」だとわかる。ＤＮＡが98%以上同じなのに「まったく違う」などとはとうてい主張できないのである。

問八　傍線⑦では「20世紀の前半くらいまで」について説明しているが、直後では「しかし今や……」とあるように、**逆接の接続語でつないで、「今」の状況を対比している。つまり、「今」とは反対の状況だったことがわかる**ので、「世界の人口」「エネルギー利用」という二点について「今」と反対の様子をまとめればよい。

問九　設問文は「……態度を改めなければならない」とまとめているので、改善すべき人間の「態度」を述べた箇所を探すと、最終段落の「相手を知らない……態度」に着目できる。つまり、**人間の動物に対する偏見のことであるから、**ａは、一つ前の段落の「動物を正しく知る……思い違いを是正する」から、偏見をなくすには「動物を正しく知る」必要があることがわかる。また、ｂは、「まず自分たち」という姿勢は、人間が動物より自分たちを優先するという態度であるから、第五段落の「人間が人間中心にものを考える」から指定された字数で抜き出す。

PART3 読解①

2 場面・情景（文学的文章）

問題→P55

1

問一　**予鈴が鳴**
問二　**ア**

解説

この文章は、主人公である高杉が赤緒とともに登校し、掲示板の高い所に貼られている壁新聞を見つけるところから始まる。壁新聞には写真係のはっちが撮った赤緒のアップの写真が載っており、高杉は驚く。初戦で敗退した悔しさから不細工なほどに顔を歪めた瞬間のものだったからである。

　写真に衝撃を受けた赤緒が教室に駆け込み、高杉も後を追った。教室では二人の仲間が写真のことではっちを取り囲んで問い詰めていた。はっちはなぜ自分が責められているのか理解せず、「いい写真やよ」と反論するが、赤緒本人に激高され、ついに口をつぐむ。

　高杉は赤緒に頼まれ、壁新聞を剝がすことになるが、心の中で「おれもこの写真、いいと思うよ」と呟く。文章の終わりでは、はっちが撮った「正直本当にひどい顔だった」、その写真が、これまでで一番高杉が惹きつけられた赤緒の顔だったことが語られる。

　以上のように、この文章は終始高杉の視点で語られており、会話を多く盛り込んで構成されている。登場人物の感情をストレートに表した緊張感あふれるやりとりがリアルに描かれている。また、「顔を輝かせ」「凍りついた」「しどろもどろに」「目を丸くして」「口をつぐんだ」「気遣わしげな声」「石になったように固まって」など、**慣用句などを多用した臨場感あふれる表現が読み手に登場人物の気持ちを強く印象づける作品である。**

問一　場面は、いつ（時間、季節）、どこで（場所）、誰が（登場人物）、どうした（出来事）などから構成されている。**場面を分ける問題では、このうち、「時間」や「場所」に着目すると判断しやすいことが多い。**

まず、最初の場面では、舞台となっている「時間」はリード文から、「二学期の初日」「登校」した直後で、「場所」は学校の「壁新聞」が貼られているところである。ここでの登場人物は高杉と赤緒である。

次に、「あとを追って高杉も三階に着いたとき、赤緒は3―3の教室の戸口で立ちどまっていた」という文以降から、登場人物である高杉と赤緒が、3―3の教室に移動し、場面が変わっていることがわかる。よって、「あとを追って……」以降が二つ目の場面である。この場面では高杉と赤緒以外に、はっちや、赤緒と高杉の仲間五人も登場する。

次に、「予鈴が鳴ったので踊り場の掲示板の前で足をとめていた生徒たちは捌(は)けていった」という文から、再び場面が教室から「壁新聞」が貼られていた場所に戻っていることがわかる。よって、「予鈴が鳴ったので……」以降が三つ目の場面である。ここではまた、高杉と赤緒が登場人物である。

つまり、この文章では、「踊り場の掲示板の前」↓「3―3の教室」↓「踊り場の掲示板の前」という「場所」の変化に即して三つの場面に分けられる。

なお、この文章では、場面を構成する要素のうち、「時間」は「二学期の初日」の登校したばかりの時間帯から、予鈴が鳴る時間帯へと自然に推移しているので、場面を分ける参考にはならない。

問二　表現の特徴について正しい選択肢を選ぶ問題では、一つの選択肢に表現に関する説明が複数含まれることが多いので、すべての要素について内容を吟味して正誤を判断する必要がある。

まず**ア**は、主に会話文で「……はっち……」、「……なに……これ……」、「あか……」など、「……」が多用されている特徴を指摘している。「……」を用いて会話を途切れさせることで、登場人物の驚き、衝撃などの気持ちを表現するだけでなく、読み手に後に省略された言葉を想像させ、登場人物の心理に興味を持たせる効果もあるので、**ア**は適切である。次の**イ**は、「立場の異なる複数の視点」が誤り。この文章では、終始高杉の視点に立って描かれており、文章の後半の「だよな、はっち……。」という「心の中」の言葉も高杉のものである。**ウ**は、直喩は「（まるで）……のように」などの比喩表現であるが、多用はされていないので誤り。**エ**はこの文章では「どういうつもりやの」「ひっで」など、語尾や言葉に方言が使われており、方言を全く使っていない人物は登場しないので、誤りである。よって、**ア**が適切となる。

3 話題・要点（説明的文章）

問題→P59

1

問一　近代の人間

問二　エ

問三　ウ

問四　（例）乱読や乱談の内容が、意識下にある関心と偶然に結びつくことをおもしろいと感じ、新しい発見をすること。（49字）

解説

問一　まず、傍線（――）部の「そのこと」の指す内容をつかむ。傍線（――）部前後の内容から、「活字文化によって」何が「かくれてしまってきた」のかを、前の部分から探す。すると、前の文に「知的活動として話すことはきわめて重要なものである。ときには、文章を書く以上に価値のあることもある」という二文がある。**つまり、「話すことはきわめて重要」で「文章を書く以上に価値のあることも」あるにもかかわらず、「活字文化」の陰に「かくれて」きたということを指している。**

よって、ここでは、**「活字文化」に関するどういうことが原因で「話すこと」の価値が低くなったのか、という点をつかめばよい。**

ⓐの中で「活字文化」について述べているのは第三段落なので、この段落から「要点」となる一文を探す。第三段落では、最初の文で、「近代の人間」が「活字の方が話すことばより、高

級であるという考え方にとらわれている」ことを指摘し、ⓐの中では、その「考え方」を補足説明している（ただし、「頭のはたらきから言えば……」で始まる文を除く）。したがって、「近代の人間は、……」で始まる一文が、「話すこと」の価値が低くなった理由について、筆者が推測して意見を述べた箇所の「要点」である。

問二　空欄の直前に**「同席の人たちがめいめいそういう点のような思考をふりまく」とあることに着目する。**

問三　まず**ア**の「倒置」は、文の成分の順番を普通とは反対にする表現技法であるが、この文章中には「倒置」は見られないので誤り。また、**イ**の「常体」は文末を「だ・である調」で終える文体で、「敬体」は文末を「です・ます調」で終える文体のことであるが、この文章は一貫して常体で書かれているので誤り。**ウ**は第十段落の**「いろいろな種類のアイデンティティの星のかがやく夜空のようだ」「半分は意識下にあった関心も星のように飛び出る」など、比喩表現が用いられていることと合っている。**また、第九段落の、「異業種の人ばかりの集まり」の話などは、直前で挙げている「クラブのようなもの」の具体例である。よって、**ウ**は合っている。また、**エ**は、「和語」は「漢語」と異なり、古くから日本にあった言葉のことであるが、「五音や七音の平易な和語を連続して用いる」箇所は見られないので誤り。

問四　この文章は、「新しいことを発見する力をつけるには……」という書き出しで始まり、「いろんな本を、手当たり次第読む。乱読である」と、「乱読」を紹介し、次の段落で、「これが、小さいながらセレンディピティである」とまとめているので、第一・二段落で「話題」を提示していることがわかる。

ここから、**まずは、「新しいことを発見する」ことが「セレンディピティ」がおこることだと言っていることがわかる。**

さらに、第一段落では、「乱読」によって「読む側の頭に眠っていた関心とひびき合う考えに、偶然の出会い」をして、「何より不思議な喜びを覚え」「おもしろいと感じる」、「新しいものを見つけたという気がする」ことが、「セレンディピティ」だと述べていることに着目できる。

一方、「乱談」についての「新しいこと」の「発見」については、終わりの四段落で説明されている。最後から四つ目の段落の「自分でも考えなかったようなことが、……飛び出すかもしれない。これも、セレンディピティの一部だったりする」、次の段落の「［　］小世界がひらける」「それが偶然に結び合って、爆発する」、最後から二つ目の段落の「知的雑談でするどい興味をかき立てられるのは、小さなセレンディピティがおこっている」、「『きょうの会、おもしろかった。』とつぶやく……セレンディピティがおこっていた」などの説明が見つかる。

以上から、「乱読」と「乱談」の「共通点」を探すと、①それまで自分では意識していなかった関心が偶然引き出され、②おもしろいと感じることだとわかる。これに、最初に押さえた、「新しいことを発見する」という「セレンディピティ」の定義を加えてまとめればよい。

PART3 読解①

4 心情（文学的文章）

問題→P63

1

問一　喜び・心強さ・優越感（順不同）

問二　（例）美駒ちゃんに負けたくないという思いによって、写真を撮りたくなったから。（35字）

問三　（例）写真に対する感じ方が美駒ちゃんに近いことが分かり、彼女に近づけたと思えたから。（39字）

問四　①　道の角を曲がる　②　ひんやりとした風

解説

問一　問題文から、「美駒(みこま)ちゃんの微笑(ほほえ)みが、『ぼく』にどのような気持ちをもたらしてくれたととらえてい」るかをつかむ。**「美駒ちゃんの微笑み」について描かれた箇所を確認すると、——線1の16行後の「美駒ちゃんがくれた微笑みは道しるべだ」が見つかる。**さらに続く文で、「彼女に認められた心強さがある」「背中を押してもらえた喜びがある」「写真の境地に先にたどり着けた優越感もあった」と、「美駒ちゃんの微笑み」をもらった「ぼく」の気持ちが三つの文で連続して描かれている。よって、「喜び」「心強さ」「優越感」を書き抜けばよい。

問二　――線2に「気分」とあることから、「ぼく」の「気分」に着目する。

　まず、美駒ちゃんに「いいと思うな」と「褒められ」、「微笑み」をもらった「ぼく」は、最初「うれしくてしかたなかった」とある。美駒ちゃんと別れたあとも、「イチマルサンに戻るぼくの足取りは軽かった」「ややもするとスキップしてしまいそう」「ふわふわとした心地」など、――線2の「のんびり歩いてなんかいられない気分」とは対照的なうきうきした気分だったことに注目する。なぜ「ぼく」の気分がこれほど変化したのか、――線2以前を確認すると、「浮かれている場合じゃないだろ」という呟き(つぶや)や、「でも、そんなことでは駄目だ。……彼女に勝ちたいのだ」という心の中の言葉があり、「ぼく」がしだいに冷静になっていき、美駒ちゃんへの競争心がわき上がってきたことが読み取れる。――線2の4行前から、「負けたくないな」「写真を撮りたい欲求が急速に膨れ上がってきた……手ぶらで出てきた自分に腹が立つ」とあり、対抗心から写真を撮りたい気持ちに駆り立てられて「駆け出した」ことがわかる。**設問条件に合わせて、「……思いによって、……たくなったから。」の形でまとめる。**

問三　設問条件の「新たな扉を開いたと感じたのは、……どのようなことが分かり、どのように思えたから」か、という表現がヒントになる。

　まず、「新たな扉」という表現が、美駒ちゃんに「わたしに近い気がする」と言われたことを「ぼく」が思い出している場面にも使われていることに着目する。「ぼくは彼女に近づけた。新たな扉を開いたような心地がした」とあることから、「ぼく」が「彼女に近づけた」と「思えたから」「新たな扉を開いたと感じた」という流れをまず押さえる。

　さらに、答案には「美駒ちゃんとのやりとりを通して、どのようなことが分か」ったかという要素も含める必要があるので、**「わたしに近い」というのが、「写真」についての「感じ方」であることも含めてまとめればよい。**

問四　問二で押さえたように、美駒ちゃんと別れてからの「ぼく」の心情は、大きく変化している。「ふわふわとした心地」だったのが、「浮かれていた心がいっきに冷やされた」という反対の心境を表す表現に変わっているので、何を「きっかけ」に変化したのか、その間の記述に着目する。すると、「道の角を曲がった」の前までは「ユキヤナギの白がまぶしい」「八重桜の花びらがやけにいとおしい」「空の青が目にやさしくて好きだ」のように春らしく明るい情景が連続して描かれているが、後では「その途端、ひんやりとした風に全身を包まれた」「胸の内側にまで冷気が忍び込んでくる」のように、急に寒々とした描写になっている。**よって、陽気な気分だった「ぼく」が、「ひんやりとした風」を感じると同時に、精神的にも、急に冷静さを取り戻したことが暗示されていることがわかる。情景描写に「ぼく」の複雑な心情が暗示されているのである。**

　よって、①は「道の角を曲がった」と同じ内容を七字で表した三行目の「道の角を曲がる」が入る。さらに、②は「春の季節感を表すため」の表現であると同時に、「心情の変化のきっかけ」を表す表現でもあることから、「ひんやりとした風」がふさわしい。

PART3 読解①

5 段落関係・要旨（説明的文章）

問題↓P67

1

問一　イ
問二　オ
問三　（例）送り手には言語化しきれなかった思考や感情があるので、受け手はその「間」を読みとり自分の内部に再現しようと努力すること。（59字）

解説

問一　この文章では第一段落で「アナログ」と「デジタル」の由来や元々の意味を説明している。すなわち、「アナログ」は「連続量」であり、「ある量を別の何かの量に変えて表示すること」である。一方、「デジタル」については、「デジタル時計」が「連続量である時間を数値化する」「連続量を離散量に標本化する」ものだと述べている。**つまり、「デジタル」は「連続」的でなく、本来連続したものから一部を細切れにして取り出したものなのである。**

　このことを踏まえて第二段落では、人間は「アナログの世界に生きている」にもかかわらず、「感覚としてアナログを捉えることはできても」

「表現することはできない」ことを指摘している。

傍線1はその具体的な例として挙げられていることから、「今日は38度もあった」という表現が、「38という数値」としては「理解できる」が、「感覚」を「表現することはできない」と述べている。よって、**イ**がふさわしい。

問二　まず、**ア**は、第五段落では「もともと言語化できないはずのアナログとしての感情や思想」を「言語に無理やりデジタル化して相手に伝えること」が「コミュニケーションの基本」だと述べているので、筆者は「理想的なコミュニケーションの取り方」とは考えておらず誤り。また、特に第四段落で「問題」とされているのは、言葉などの「デジタル表現」についてである。次の**イ**は、「ヒト以外の動物が行うコミュニケーションの限界」が第四段落までで述べられていないので誤り。また、**ウ**は「ヒトだけがもつコミュニケーション能力」について、「能力が発達した原因」は第六段落以降で述べられていないので誤り。**エ**は第五段落では、「デジタル表現の長所」は述べられていない。また、第六段落以降で「具体例を挙げて」「言語の可能性を証明」していないので誤り。一方、**オ**は、第五段落で「ヒトだけが、例外的にコミュニケーションにデジタルを用いる」と述べていることが「ヒトが行うコミュニケーションの特殊性を確認し」に合っている。また、第六段落で「言語を媒介としているので」「アナログのデジタル化は」「不十分」であることを指摘し、第七段落ではコミュニケーションにおいて私たちが何を気をつけるべきかを述べている点が、「言語を媒介として伝えることの特性を考察する」の部分に合っている。よって、**オ**が正しい。

問三　この文章では、第六段落で、「言語を媒介とする人間のコミュニケーションが、「複雑な思考や、あいまいな感情などを伝えようとするときには、デジタル化はほぼ未完のままに送り出される」と指摘し、**「言語によるコミュニケーション」の限界を述べている。**それを踏まえて第七段落では、こうした**不完全な「言語によるコミュニケーション」をどのように行えばよいか、その心構えについて、自身の意見を結論としてまとめている。**

まず、第七段落の最初で、「伝えられたほうは」「その辞書的な意味だけを読み取るのではなく、デジタル情報の隙間から漏れてしまったはずの相手の思いや感情を、自分の内部に再現する努力」が必要だと述べていることに着目する。この「努力」については、続く部分で「ついに相手が言語化しきれなかった『間』を読みとろうとする努力」と言い換えていることにも注意しよう。つまり、「情報の隙間から漏れてしまったはずの相手の思いや感情」と、「言語化しきれなかった『間』」は同じものを指している。人間の「思いや感情」は、とびとびにしか「言語化」できず、その「間」にあったものは表現されないままこぼれ落ちてしまっているのである。

解答では設問条件である、「送り手」「受け手」の二語を使うことに注意して、「送り手」が「言語化しきれなかった（デジタル情報の隙間から漏らしてしまった）」「思いや感情」が「間」となっていること、「受け手」はその「間」を「自分の内部に再現する努力」が必要であることの二点を踏まえてまとめることになる。

PART3 読解①

6 主題（文学的文章）

問題→P71

1　**問一**　イ

解説

問一　この文章では、水泳をやめて以来、父親や妹の真琴とうまく向き合えず、真琴のメダルをこっそり持ち出してしまった「僕」（正太郎）が、二年後、真琴を合同練習の会場まで送り届けた後、母と店で昼食をとってから、二人で真琴の合同練習をプールサイドで見学する場面から始まる。

登場人物は、「僕」、「母」、「真琴」の三人。舞台となる「時間」は「午後」で、「場所」は妹の練習会の会場である「市民プール」である。**また、主人公は「僕」で、終始「僕」の目線で描かれていることにも注意が必要だ。**地の文には「僕」の心の中の言葉（心内語）もあり、少しずつ「僕」の気持ちが変化する様子が丁寧に描かれている。つまり、「僕」の心情の変化が主題（テーマ）となっている文章なので、「僕」の心情に注目して読み進める必要がある。

登場人物の心情は、喜怒哀楽を表す言葉の他、会話文や心内語、行動・表現や態度、さらには情景描写などさまざまな形で表現される。よって、**ここでは「僕」の心情が表れている表現に着目していく。**

なお、この文章の直前では、「僕」が母親と店で昼食をとる次のような場面が描かれている。

昼食中に、母親に「正太郎、お父さんのこと、嫌い？」と突然聞かれた「僕」は、言葉に詰まり、すぐには返事ができなかった。さらに、「僕が真琴の部屋からメダルを盗んだこと、気づいてる？」という「僕」の質問に母親が答えず、代わりに「正太郎が、好きなことやってくれてたら、それでいいと思う」と言った。そのため「僕」は「母さんは、僕がメダルを真琴の部屋から持ち出したことを知っているのだ」と感じ、なんと言ったらいいかわからなくなり泣き出してしまう。そして、「なに泣いているのよ」と言う母親に、「ごめんなさい」と何度も謝りながらオムライスを食べるのである。**ここでは母や妹の真琴が自分の罪に気づいていながら自分を責めなかったことを知った「僕」の衝撃が描かれている。**

この場面の後、店を出た二人はラジオを聞きながら一時間ほど街をドライブし、真琴が合同練習しているプールにやってくる本文の場面に続く。

まず文章の最初で、「市民プールは、塩素のにおいがした。僕がこの世で、一番嫌いなにおい」と感じたり、妹の泳ぎを見て「やはり胸がキリリと痛んだ」りしていることから、「僕」が「父親に勧められた水泳」をやめてしまった自分を責めていること、今の「僕」にとって、**まだ水泳自体が辛いものであることが読み取れる。**しかし、「でも僕は、ちゃんと最後まで真琴の泳ぎを見た」「僕はいつか、真琴の泳ぎを、胸の痛みなしで、心の底から『がんばれ』と思いながら、見られるようになるだろうか」という表現からは、過去の心の傷はまだ癒えていないし、メダルを盗んでしまったような妹に対する醜い嫉妬の感情は完全になくなってはいないけれども、そういう弱いところのある自分を認め、逃げずに向き合っていこうとする前向きな態度がわかる。

さらに、母親が「お父さんだって、お母さんと同じこと、正太郎に対して思ってるんだよ」と伝えたことで、「僕」は両親が「好きなことやってくれてたら、それでいい」と見守ってくれていることを改めて自覚し、「いまからでも、……伝え合ったりできるだろうか」と考えていることをつかむ。

これまで父親の期待に応えられなかった自分を「情けなく」感じ、また、「無理矢理水泳をやらせ」た父親に対して複雑な思いを抱え、「距離を置」いていた「僕」であったが、母のさりげない言葉や気遣いをきっかけに、これから「笑って話したり、思っていることを伝え合ったり」する親子としての自然な関係になる可能性について、初めて考え始めたのである。

つまり、この文章では、「僕」がこれまでより一歩成長し、父親との関係についても少し前向きな気持ちに変化した様子が描かれているのである。よって、イが正解である。

PART4 読解②

1 友情・仲間（文学的文章）

問題→P75

1

問一　ア

問二　(例) 試合に負けたことをくやしがらないチームで過ごしていると、自分のバスケットボールの力を高めることができないから。(55字)

問三　イ

解説

問一　傍線部①は「真野」の発言であるから、「真野」の言動を順に追っていけば、「真野」の真意を理解できる。

「毎日退屈でさ。居場所はないし、やりたいことはないしで、スゲーきつかったよ」

↓

「そんなときにさ。後藤が声をかけてくれたんだよ」「『面白いからきたほうがいいよ』って誘ってくれてさ」

↓

「オレは声をかけてもらえたのが、スゲーうれしくてさ」「吉田や谷口がオレのこと見て『おかえり!』っていってくれたよ」

（ここまでが**ア**の前半の内容）

←

「おまえは夢中になって練習してたよ。スゲー楽しそうに、ボールを追ってたよ」

（これがアの後半の内容）

イとエにはこれらの内容が全くあてはまらない。**ウ**は「競技の魅力を教えてくれた」が本文と合わない。本文には、「楽しそうに」練習をしていたと書かれているだけである。

問二　傍線部②は、その直前の「急に心配になったあのときから、チームに不満を持ちはじめた」とセットで考える。「このノリ」は「後藤」にとって不愉快で否定すべき雰囲気であるが、その具体的内容は「急に心配になったあのとき」から前にさかのぼれば見つかる。

「急に心配になったあのとき」

→

「こんなのんきな部活ですごして、今、すでに地区大会で優勝するようなヤツらに、追いつけるのだろうかと、不安になった」

→

「勝たなきゃ意味がない」「うちのチームはこんなに簡単に負けてしまう。しかも負けたことをちっともくやしがっていない」

　解答には、①チームへの不満と②自分自身に対する不安という二つの要素を盛りこむ。このとき、①が原因となって②という結果が導かれるのだから、記述する順序は①→②となるべきである。

問三　「真野はどのような方法で明良を説得しようとしているか」と問われているので、問一と同様に「真野」の言動に着目する。

「そんなときにさ。後藤が声をかけてくれたんだよ」「オレは声をかけてもらえたのが、スゲーうれしくてさ」

←

「なんか、ここ、いいじゃんって思ったよ。いいヤツらが集まってるじゃんってさ」

「ここにいたいって思ったよ」

「ここを自分の居場所にするんだって、この居心地のよさを自分が守っていこうって思ったよ」

「男子バスケ部は、いいチームだよ」

「男子バスケ部は弱いけど、いいヤツらが集まってる」

←

「バスケを楽しいと思わせてくれたのは、ほかでもないこのチームだった」

「真野」が何度も強調する男子バスケ部の「居心地のよさ」こそが、**イ**の「共有できる経験」であり、「共感」が得られる思いである。

PART4 読解②

2 文化・言語（説明的文章）

問題↓P79

1

問一　エ

問二　（例）紙と木で作られた日本の住居は、自然の音や空気が簡単に入り込む環境だったため、雑音に価値を見いだした。（50字）

問三　説得力

問四　西洋の建物

解説

問一　3は西洋について、4は東洋について、それぞれ述べている。**比較する二つを並べているので A には「それに対して」を意味する「一方」がふさわしい。** B は、直前の「わざわざ澄んだ正確な音程を出せないように」と直後の「雑音をまとわせる」は同内容である。同内容を言い換える「つまり」が B にはふさわしい。

問二　設問文中の『雑音』に美意識を感じるようになった事情」という表現に着目すると、4の最後に「雑音に価値を見いだした」という同内容表現が見つけられる。そうすると解答しなければならない「事情」は4に説明されているのだろうと見当がつく。**しかも「紙と木」「環境」「価値」という三つの言葉を用いることも指定されているので、4でこの三つの言葉が使われているところを探せばよい。**そうすると次の三つの文が見つかる。

〈紙と木〉

「住居も防音効果のある石ではなく、紙と木という家の外でも中でも音が筒抜けになる素材で作られてきたので、雑音はどこにでも入り込みます。」

〈環境〉

「日本人が虫の音を愛するのも、外と内が隔絶されておらず、自然の音や空気が簡単に家の中に入り込む環境だったからでしょう。」

〈価値〉

「日本人は静まりかえったところにポーンと響く澄んだ音よりも、そこここにある雑音に価値を見いだしたのです。」

この三つの文を、この順序で、同じ言葉を二度以上使わないように注意しながら50字以内にまとめればよい。

問三　日本人は雑音に価値を見出したことが4の最後に述べられていると、**問二**で確認した。[Ⅰ]には、したがって「価値」と同義語・類義語が入るかもしれないとまず考えられる。そこで「価値」と同じ意味あるいは似た意味を持つ三字の言葉を探す。そうすると6に「説得力」という言葉が見つかる。さらに「雑音の入った声に[Ⅰ]を見いだしました」という表現と「雑音をほどよく混ぜた声が説得力を持ったのです」という表現は同内容表現だとも考えられる。よって、[Ⅰ]には「説得力」が入る。

問四　西洋の「街」について説明されている段落は3だけであることに着目する。

西洋の「街」は、西洋式の「建物」から形成されている。したがって、Q2「街の中にも『必要最小限の音』しか存在しないのは、なぜか」という疑問に対する解答となるA2は「西洋の建物では音が響くので、一つ一つの音を研ぎ澄ませ、雑音を排してきました」という一文がふさわしい。3では「西洋の建物では音が響くので、一つ一つの音を研ぎ澄ませ、雑音を排してきました。街の中にも必要最小限の音しかありません」と、この二文は連続して述べられている。

3 家族（文学的文章）

問題→P83

1

問一　(例) 父親に自分の気持ちを嫉妬だと決めつけられたということ。(27字)

問二　(例) 自分以上に父親が必死になることで意欲がわかずつまらなくなると感じ、父親の力を借りずに自分の力で取り組もうと思ったから。(59字)

問三　エ

解説

問一　傍線部1は「てしまった」と完了形で結ばれているので、その具体的内容は傍線部1よりも前に示されている。傍線部1は、その直前の内容まで含めてとらえると〈宝自身がずっと持て余していた感情に、父親によって1勝手に、名前をつけられてしまった〉と理解できる。宝自身が「ずっと持て余していた感情」とは、剣道をめぐって阿久津君に対して抱いていた「もやもやしてる」感情で、それが父親によって「それは嫉妬だ」と「勝手に、名前をつけられてしまった」のである。

問二　傍線部2の発言に至るまでと、その後の「宝」の言動を確認する。

「お父さんが、くやしがるから。」
「お父さんは、くやしがらないで。怒らないで。がっかりもしないで。」
「ぼくよりも、がんばらないで。」
↓
「つまんない、よ。」
↓
「稽古、一生懸命、がんばるから。」
「次の大会は、阿久津くんより、いい結果出す。負けない、から。」
↓
「お父さんの協力も、もう、いらない。」
↓
「なりたい自分は、自分で、決める。」

これらの発言をつなげただけでは、解答にならないので、これらの発言は「宝」のどのような心情にもとづいているのかを具体的に説明する。「自分以上に父親のほうが必死になる」こと、「意欲がわかずつまらなくなる」こと、「父親に頼らず自分の力で取り組みたい」ことを中心に、指定された字数でまとめる。

問三　すべての選択肢が「宝」と父親との関係を説明している。本文では、**エ**に含まれている「父親と宝との距離や二人の視線の様子」が何度も描かれていて、「真剣に思いをぶつけ合う二人のやりとりの緊張感が伝わってくる」ことがわかる。

4 自然・科学（説明的文章）

問題→P87

1

問一 （例）人間が獲得した自然に関する新しい知識（18字）

問二 イ

問三 （例）実際の計算や実験結果が思いえがくイメージと合うまで、科学者は仮説の修正や変更、計算や実験の再構築という試行錯誤を続けること。（62字）

問四 エ

問五 （例）純粋に個人的な好奇心に基づいて仮説を導く豊かな想像力を育んで感情や感覚より論理を重視して知識を創出すると同時に、科学は社会と密接に関係することを十分に認識して、社会に対して責任をもって研究すること。（99字）

解説

問一 **――線部①の「新事実」という言葉は「新／事実」と分けられる。**「新」は「新しい」を意味し、「事実」という言葉は「知識」という言葉とのつながりが深い。これらから「人間が獲得した自然に関する新しい知識」が、――線部①の「新事実」を具体的に述べている部分だと判断できる。

問二 どこで「想像力が」「働いている」のかを考えると「出発点において科学は芸術と何ら変わるところはない。想像力を駆使して新しい着想を得る点では全く同じであるからだ」ということにおいてである。さらに「新しい着想を得る」ことにおいては「見えない部分で起こっている事柄に対する意識せざる想像力が働いている」。〈新しい着想を得る〉と〈見えない部分で起こっている事柄〉という二つの内容は、**イの**「新しい着想」と「未知の事柄」と同じである。

問三 ――線部③の「そのような」は――線部③を含む第四段落の冒頭から――線部③の直前までを指す。また「過程」と関係が深い言葉を第四段落で探すと「試行錯誤」「筋道」「フィードバック」が見つかる。よって、これらが用いられている「思考過程においては、常にある種のイメージを頭に生起させて試行錯誤を続けている。そのイメージと実際の計算や実験結果に齟齬（そご）が生じた場合、想像していた仮説を変更するか、論理の筋道を辿（たど）り直すか、計算や実験を再構築するか、のフィードバックが入る」という部分をまとめる。

問四 A の前には「結果やその応用については何ら気にせず」、あとには「名声や褒賞（ほうしょう）への欲望もなく」と、前後に類似の内容があるので、程度がはなはだしくなることを意味する「ましてや」が入る。

問五 **「文章全体を踏まえ」と指示されているので、文章全体の構造を考える。**全体は七つの段落から構成されているが、第五段落の冒頭に「つまり」とあり、第一段落から第四段落までの内容は第五段落にまとめられている。第五段落には「科学研究者の要件」という表現も見出せる。これは「筆者は、科学を研究する人たちには、どのようなことが必要だと述べているか」という要求そのものである。したがって、第五段落の内容は必ず盛り込む。次に、第六段落が「ところで」で始まることに注意する。ここから話題が転換されている。すなわち、第一段落から第五段落までが前半部、第六段落および第七段落が後半部と考えられる。前半部での筆者の主張は「知識の創出においては、好奇心によって問題に気づき、想像力によって仮説を抱き、論理性によって筋道を鍛え上げるというプロセスをとっており、その各々（おのおの）の能力が科学研究者の要件となる」である。後半部での筆者の主張は第七段落の末尾つまり本文末尾にまとめられている。「社会と切り離された科学はないからだ。科学者も社会の一員であり、その選択に関与しているのは確かで自分に責任はないと言えない」の部分である。これらを指定された字数でまとめる。

5 日常の出来事（文学的文章）

問題→P91

1

問一 イ

問二 ウ

問三 （例）視野の一画に常緑樹を入れ、一斉に咲き揃う直前の一本の大木全体を少し離れたところから見上げる（45字）

問四　a　清楚な美しさを見せてくれる
b　存在感を顕わにしている
c　（例）淡い香りが一体となる（10字）

解説

問二　筆者が梅の花に関心を持つようになった経緯に合うのは**ウ**。**ア**は、「人に頼んで選んでもらった」が本文と合わない。**イ**は、筆者が「熱海の梅園」に行ったのは「何年も前のこと」であり、「これといって感興はわかなかった」という本文の内容に合わない。**エ**は、偕楽園に行きたいと思わなかった理由は、「自宅の和室から眺める梅に満足していた」からではないので合っていない。

問三　設問文にある「『艶やかな圧巻』と表現するのにふさわしい桜の美しさ」は、第七段落の『艶やかな圧巻』という表現がぴったりの美しさ」に対応している。前の文の「よく晴れた青空を背景にしていて」も設問文の内容に合うので、続く「視野の一画に松かなにかの常緑樹があれば最高」に着目する。さらに、**「しかも」と付け加えることを表す語があるので、さらに前の文の「一斉に咲き揃う直前の一本の大木全体を、少し離れたところから見上げる」も合わせてまとめる。**

問四　ここでは、筆者が「梅を近くから眺める」ことで梅の美しさについて気づく流れを箇条書きにしているので、「ところが梅を近寄って見ると」で始まる第十一段落に着目する。設問文の表現と本文中の表現が重なるところを探すと、aは「整った輪郭とともに目に入って、清楚な美しさを見せてくれる」、bは「細い枝々が、あたりに突きささるように鋭く真っ直ぐに伸びて、存在感を顕わにしている」とあるので、その部分から、それぞれ指定された字数で抜き出す。また、cは、第十三段落の「近寄ると、淡い香りが花と一体となって、美の次元を一層深いものにしている」の部分を受けているので、「淡い香りが花と一体となって」の部分を指定された字数でまとめる。

PART4 読解②

6 社会・生活（説明的文章）

問題→P95

1

問一　ウ
問二　エ
問三　（例）「ただいま」に応答する「お帰り」と同様に、「ほめる」ことに通じる相手を肯定する表情や身振りを含んでいる点。（53字）
問四　（例1）自分がだれかを「ほめる」ことで不快になることは決してない。また自分がだれかに「ほめられる」ことで不快になることもあり得ない。「ほめる」「ほめられる」が快い人間関係を保障することは確かだ。
　人見知りが激しい私は、中学入学直後、担任の先生が苦手だった。だが、大きな笛の演奏をほめられただけで、信頼を寄せるようになった。「ほめられる」効果をまざまざと感じた経験だ。（178字）
（例2）確かに「お帰り」と言われると安心する。言われないと不安になる。そういえば、昨晩は帰宅時に家族のだれからも「お帰り」と言われず、もやもやした気持ちになった。
　日常的なあいさつ行動に「ほめる」要素が含まれているという考えに大いに納得した。友人や家族にもこの事実を伝えたい。そして、私自身も今後はこの事実を意識したあいさつ行動を心掛けたい。（173字）

解説

問一　文中※の部分では具体例が引用されている。**説明的文章では筆者の主張を読み手にわかりやすく伝えるための補助として、具体例が引用される。**この文章では一貫して筆者自身が捉えた「ほめる」ことの意義と効果が説明されている。たった一つのことが最初から最後までずっと述べられている文章である。

問二　「潤滑油」とは文字通りに「潤って滑らかに動くように加えるもの」を意味する。この「潤って滑らかに」という肯定的な意味は**エ**の「人間と人間の関係を滞りなく成り立たせる」と同じである。第三段落から第五段落までの三つの段落で「うなずき」について説明されているが、「うなずき」についての筆者の考え方は、第五段落最後の「『うなずき』は『ほめる』ことに通じる行動なので、親と子の間だけでなく、さまざまなヒト同士の関わりを結びつけるとても大事な行動だと思っています」である。ここからも**エ**が最も適切である。**ウ**は「限りなく拡大させる」が誤り。

問三　B——における「同じこと」は直前の内容と「同じこと」だという意味である。すなわち、『おはよう』、『こんにちは』などのあいさつのやり取り」にも「お帰り」と同様に「プラスの意味の表情や身振りが含まれており、『ほめる』ことに通じてい」る。ここを指定字数以内にまとめればよい。なお、本文中には「肯定や同意」という表現もあるので、可能であれば「プラスの意味」をさらにわかりやすく言い換えたい。

問四　設問文にある「あなたが考えたことや感じたことを、自分の経験と結び付けて、百四十字以上、百八十字以内で書きなさい」という条件に注意して、指定された字数でまとめる。

PART4 読解②

7 社会・生活（文学的文章）

問題→P99

1

問一　イ

問二　（例）授業の途中で質問するという労をとって、その答えを居合わせた人々と分かち合わせよう（という意図。）（40字）

問三　1　相手に関心を持つこと

2　（例）（質問することには、）相手とのつながりが生まれる（という意義がある。）（13字）

解説

問一　小学生のときの疑問は「れんげの花びらがなぜ間違いなく美しい円をつくるのか、なぜ赤ちゃんは指に桜貝のような美しいつめを間違いなく生やして生まれてくるのか」といったもので、自分自身が直接体験したり見聞したりできる範囲の疑問であった。これに対して、中学生のときの疑問は「社会には、どうしてこれほどに貧富の差があるのか」と社会をも対象とするようになり、その結果「『ブータン』という小さな小さな国の名前が入ってきた」。**ア**も**ウ**も**エ**も全くの的外れではないが、**ア**や**ウ**や**エ**の内容を含む**イ**が最も適当である。

問二　筆者の意図は傍線部②の前には見出せないので、後から探す。論の展開を以下に示す。

「話の途中でも質問してほしい」

⇕　それなのに

「終わってから、個人的に質問してくる」→「これはずるい」

⇓　なぜなら

「答えを一人占めしようということ」　←

「質問するのは、確かにエネルギーのいることだ」

⇕　でも、

「質問するという労をとって、その収穫を居合わせた人々と分かち合う。それぐらい、お互いしたっていいじゃないか。そう思ってきたのです」

百字程度の分量を記述できるのであれば、右に示したすべてを盛りこみたいが、三十五字以上、四十五字以内であるから、右に示した後半部だけをまとめればよい。

問三　1　「何が必要だと考えているか」と設問文は問うている。（後半）の冒頭に「質問するにはエネルギーがいります」とすぐに見つかるが、**「エネルギー」では十字にならない。**さらに読み進めると「そしてそのためには、相手に関心を持つことが不可欠です」とある。「不可欠です」は「必要だ」と同義語で、「相手に関心を持つこと」は十字である。

2　（後半）の大半は新幹線車中での具体例であるが、**「質問すること」の「意義」は、この具体例〈以外〉から探す。具体例〈以外〉のところでは、筆者は同じことを何度も反復して述べている。**

「相手に関心を持つからこそ、互いの間にないもの、見つからなかったものを接点として、そこに新しい関係が生まれたり、すでにあった関係がより深まったりするわけです」

「質問したことでつながりが生まれる。だって私たちは全く関心の持てない人に質問するでしょうか」

「私たちは相手に、あなたと接点を持ちたいのですよ、と意識せずとも伝えているのではないでしょうか」

これらの部分の「関係が生まれる」「つながりが生まれる」「接点を持つ」はすべて同じ内

容である。解答にはこのいずれかを必ず入れる。

PART4 読解②

8 読書（説明的文章）

問題→P103

1

問 （例）本を読むことで知識が頭の中に入ると、知識どうしが結びついて、ふと新しい発想が生まれることがある（47字）

解説

問 「本を読むこと」と「発想」との結びつきについて「伊藤」さんは発言している。これは本文の要旨・結論であるから、文章の展開をすべて追ってみなければならない。

「知識を頭の中に入れる意味は、その知識を出し入れするというだけではないのだ。頭の中で考えるときに、この知識が用いられる」

↓

「どんなときに一人で頭を使うだろうか？　それは、『思いつく』ときである」

↓

「ものごとを発想するときは、自分の頭の中からなにかが湧いてくる」

「現在か過去にインプットしたものが、頭の中にあって、そこから、どれかとどれかが結びついて、ふと新しいものが生まれるのである」

↓

「発想というのは、連想から生まれることが多い」

「直接的な関連ではなく、なんとなく似ているものなどから引き出される。現在受けた刺激に対して、『なにか似たようなものがあったな』といった具合にリンクが引き出される」

「『これと同じことがどこかであったな』と思いつく、いわゆるデジャヴも同じである」

最後の三つは「本を読むこと」と必ず結びついていることではないので、解答に盛りこむ必要はない。それ以前の内容を中心に、**「本を読むこと」「発想」という言葉はもちろんのこと、その他に「知識が頭の中に入る」「知識どうしが結びつく」という二つも合わせて、指定された字数でまとめる。**

PART5 古典・詩歌

1 古文の知識

問題→P107

1

問一 もののあわれ

問二 イ

問三 （例）無常について語り、語りにふさわしい曲を弾いた（22字）

解説

問一 語頭以外の「は・ひ・ふ・へ・ほ」は「わ・い・う・え・お」と読むので、「あはれ」は現代的仮名遣いに改めると「あわれ」となる。

問二 ――線②の直後に「聞く人、涙を落とさずといふことなし」とある。これは、「（雍門の琴を）聞く人は、涙を落とさずにはいられない（＝誰もが泣いてしまう）」という意味になる。

問三 ――線③の直前に**「まづ世の中の無常をいひつづけて、折にあへる調べをかき合せて、いまだその声終らざるに、（涙を落しけり）」とあることから考える。**琴の名手である雍門の演奏を聞いても自分は泣くはずがない、と言った孟嘗君に、雍門は、まず世の中の無常についての話をし、その場にふさわしい曲を弾いて聞かせた。すると、物事の情趣を知らなかった孟嘗君も、感動して思わず涙をこぼしたのである。

現代語訳

孟嘗君（もうしょうくん）は楽しいことに十分満足して、物事の情趣を知らなかった。雍門（ようもん）という人は、とても上手に琴を弾き、聞く人は、涙を落とさずにはいられなかった。君が言うことには、「雍門がうまく琴を弾いたとしても、私がどうして泣くことがあろうか（泣くはずがない）。」と言って、雍門に琴を弾かせたところ、雍門はまず世の中の無常についていろいろな話をし、その場にふさわしい曲を弾いた。すると孟嘗君はその曲が終わらないうちに、涙を落としたということである。

2

問一 エ

問二 ア

問三 ゆえに

問四 出家人

問五 エ

解説

問一 ――線①の意味は「（太刀を入道に）お持ちした」なので、前にある「余（よ）の侍」が主語である。

問二　――線②の直後に「決定、その太刀なれども、侍の恥辱を思うて返されたりと、人皆、これを知りけれども」とある。これは「まさしく入道の太刀であったけれども、入道は侍の不名誉を思って返されたのだと、みなわかっていたが」という意味になるので、解答は**ア**の「犯人の侍に恥をかかせたくなかったから。」になる。

問三　歴史的仮名遣いの「ゐ・ゑ・を」は、現代仮名遣いでは「い・え・お」になる。したがって「ゆゑに」は、「ゆえに」となる。

問四　――線④を含む文に「俗なほ、心あるは、かくの如し、況んや、出家人は、必ず、この心あるべし」とある。「俗」は「俗世間の人」という意味なので、これと対比されているのは、「出家した人（＝俗世間から離れた人）」という意味の「出家人」である。

問五　**入道は持って来られた太刀が自分のものだとわかっていながら、犯人である侍に恥をかかせないために、まちがいだとうそをついている。**こうした内容に合致するのは、場合によってはうそも必要であるという意味の「うそも方便」である。

現代語訳

事実かどうかはわからないが、故持明院の中納言入道が、あるとき、大切にしている太刀を盗まれたときのこと、仕えている侍の中にその犯人がいたので、他の侍が調べ出して、（入道のところに太刀を）お持ちしたところ、入道は、「これは私の太刀ではない。間違いだ」と言って、太刀を（その侍に）お返しになった。まさしく入道の太刀だが、入道は侍の不名誉のことを考えてお返しになったのだと、人々は皆、このことをわかっていたが、そのときは何事もなく済んだ。こういう訳で、子孫も栄えているのである。

俗世間の人でも心がけのある人は、このようである。ましてや出家した人は、必ずこうした心がけを持つべきである。

3

問一　おおかた
問二　イ
問三　朽つることなし
問四　（例）後世の人々に見せる（9字）

解説

問一　語頭以外の「は・ひ・ふ・へ・ほ」は「わ・い・う・え・お」と読むので、「ほ」を「お」に改めて、「おおかた」となる。

問二　空欄を含む一文の最後に「朽つることなし」とあることに着目する。今様と異なり、漢詩や和歌、書は、書き残されるために朽ちることがないのである。

問三　――線㋑「とどまることのなきなり」とは、声をつかう芸能（今様）はうたう人自身が亡くなってしまうと、「とどまることがなく消えてしまう」という意味である。これと対照的な内容を表している語句を指定された字数で抜き出す。

問四　**【古文】の最後の一文に着目する。**「亡からむ跡に人見よとて」が、後白河上皇が今様を書き残した理由である。

現代語訳

いったい、漢詩を作り、和歌を詠み、書を書く人々は、（それらを）書きとめるので、後世までも朽ちることがない。声をつかう芸能の悲しいことは、うたう人自身が亡くなってしまったあと、とどまることがないことである。そのために、亡くなったあとに人々に見せようと思って、いまだ世にない今様の口伝を作りおくところである。

PART5 古典・詩歌

2 古文の読解

問題→P111

1

問一　イ
問二　ア・ウ（完全解答・順不同）
問三　エ

解説

問一　「約す」には、**たばねる、省く、約束する、節約する、まとめる、といった意味がある。**ここでは、梅の木を売ってほしいと言ってきた岸玄知に対して、農夫がやむをえず売ることを「約した」ということなので、「約束する」という意味の「約（す）」となる。この意味の「約」が使われているのは、結婚を約束するという意味の**イ**「婚約」。

問二　**ア**「郊外へ出で」ての主語は岸玄知。**イ**　了承しようとしなかったのは農夫。**ウ**　買った梅の木の下に来て楽しんでいたのは岸玄知。**エ**

明日梅の木を持って参りましょうと言ったのは農夫。**オ**　実が熟したらどうするつもりかと聞いたのは農夫。

問三　後半の「農夫曰く、根の損せざるやうに掘りうがち、明日持ちまゐるべしと云ふ。……只花のみ望む所にして、吾物にして見ざればおもしろからずとぞ」の内容から考える。農夫は梅の木を掘り出して届けましょうと申し出たが、岸玄知は、自分が望んでいるのは花だけで、自分のものにして見たら趣があると思ったのだと言っている。

現代語訳

岸玄知は、出雲の国の領主に仕える茶道である。和歌をこよなく愛している。ある日、郊外に出ると、梅の花が花盛りだったので、その梅の木の持ち主に尋ねて、梅の木を買おうとした。持ち主はどうしても了承しなかったが、（玄知が）高値で買うと言って強く望んだので、やむをえず約束した。翌日、（玄知は）酒と魚を持って、木の下に来て、楽しんでいた。農夫は、根が傷つかないように掘って穴を開け、明日持って参りましょうと言った。玄知は、「いや、そういうことではない。いつまでも（梅の木は）ここに置いておくことにしよう」と言う。（農夫は）実が熟したら、どうするつもりかと尋ねた。すると玄知は「実には用はないのだ。私が望んでいるのはただ花だけで、自分のものにして見ないと、趣がないと思ったのだ」と言った。

2

問一　A・D
問二　なんだ
問三　イ
問四　1　（例）僧が来る前に、食事を済ませた（14字）
2　（例）食事の「斎」と「光陰」の意味である「時」をかけて、「とき人をまたず」（34字）

解説

問一　A「もと同学たりし人」は「僧」。B「かりぬし」は「亭主」。C「内の者」は亭主の家の者。D「件の僧」は「僧」。

問二　「以前はいな物を、貸されなんだ」が「亭主」の言葉。後の「と恨みければ」の「〜と」の形に注目する。

問三　「必ずゆかん」の「ん」は推量の助動詞の「む」が変化したもので、ここでは意志を表す。したがって、「必ず（きっと）行きましょう」という意味になる。

問四　食事の「斎」と時間の「時」はどちらも「とき」と読むので、「とき（時・食事）は人を待たないと言うから、先に食べてしまったよ」と言って、しゃれを使って僧に仕返しをしたのである。

現代語訳

かつて寺で修行した仲間の僧のもとに、亭主が『廣韵』をちょっとお貸しください」と使いをやると、僧は「こちらでも使う」と言って貸さない。二人が後日会ったときに、亭主が「以前、貸してもいいものを、貸してくれなかったな」と恨みごとを言ったところ、僧は「光陰（時間）を惜しむべきだ」と言った。

借り主の亭主はこれを恨んで、もう一度、以前の「廣韵」を貸し惜しんだ僧へ、「明日の朝、食事をごちそうしよう」と使いをやった。僧は「必ず行きます」という返事をしてきた。亭主は、暗いうちから起きて朝食を急いで用意し、家の者にもさっさと食べさせ、台所やそのほかを掃除し、きれいにしておいた。例の僧が来た。いつまで待っても、いっこうに食事を持ってくる気配がない。「どうして料理が遅いのか」と僧が言うと、亭主は、「とき人を待たず、と言うので、すでに早く食事を済ませたよ」と言った。

PART 5 古典・詩歌

3 漢文の知識・読解

問題→P115

1

問一　立チ二天下之正位一
問二　得
問三　イ

解説

問一　書き下し文では「天下の正位に立ち」となっているので、「立」に「天下之正位」の部分を先に読んで「立」にもどることになる。したがって、一・二点を使う。

問二　書き下し文に、「志を得れば民と之に由り、志を□ざれば独り其の道を行ふ」とあることから、「得レバ志ヲ与レ民由リ之ニ」と「不レバ□レ志ヲ独リ行フ二其ノ道ヲ一」は対になっているとわかる。

したがって、「志を得れば…志を[得]ざれば…」となる。

問三 「富貴にも心を乱されず、貧賤にも気持ちを動かされず、武力や権力にも屈しない」人のことなので、**どんな状況でも自分の信念を貫き通す人物のことである。**

現代語訳

天下の広居（＝仁）に住まい、天下の正しい位置（礼）に立ち、天下の大きな道（＝義）を行く。志を得れば民と共にその道を行き、志を得なければ一人でその道を行く。富貴にも心をかき乱されず、貧賤にも気持ちを変えられることなく、権威や武力にも決して屈しない。これを「大丈夫」と言う。

2

問一 ア
問二 海 日 生ジ二 残 夜一
問三 イ
問四 ア
問五 ウ

解説

問一 **一句が五字から成っているので「五言」、それが八句あるので「律詩」。したがって「五言律詩」である。「絶句」は四句から成る。**

問二 書き下し文が「海日残夜に生じ」なので、漢詩の「海日生残夜」に、まとまりごとに番号をつけてみると

① ② ③
[海日] [生] [残夜]

となり、①を読んだ後、②を飛ばして③を先に読み、②に戻ることになる。したがって、先に読む③の下に一点、後に読む②の下に二点を使う。

問三 「客路青山外」と「行舟[A]前」、「潮平両岸闊」と「[B]正一帆懸」が対句になっていることに着目する。Aは舟が進んでいく川の「緑水」が入る。Bには「風」が入り、「風がきちんと吹いていきて、舟は帆を張って進んでいく」という意味になる。

問四 「旧年」は「年の内」という意味なので、「江春入旧年」は、まだ冬の内なのに、長江のこの土地は暖かく、春が来ている、という意味になる。

問五 二重傍線部の「郷書何処達　帰雁洛陽辺」は「故郷への便りはどこまで行っているのだろうか。北へ帰る雁は洛陽の辺りを飛んでいるのだろうか」という意味になる。**郵便事情が悪いため、手紙がなかなか届かない時代のことであることを念頭において、「自分が故郷に出した手紙は今どのあたりにあるのだろう。ちゃんと着くのだろうか。北に帰る雁のように今頃洛陽のあたりだろうか」という手紙の行方を案じる作者の心情を読み取る。**

現代語訳

北固山（ほくこざん）の下に宿泊する
旅路は青々とした山の向こうで
行く舟は緑色の水の前
潮は平らに満ちてきて両岸は広く
風はきちんと吹いていきて舟は帆を張って進んでいく
海上の朝日はまだ夜の間に昇り
長江の春は旧年のうちにやってきた
故郷に宛てた私の手紙はどこに到達したのだろう
北へ渡る雁が今は洛陽のあたりを飛んでいるだろう

PART5 古典・詩歌

4 短歌・俳句の知識・読解

問題→P119

1

問 A

解説

問 「冷たく乾いた風の吹きすさぶ様子を切れ字を用いて」とあることに着目する。これを満たしているのは、「(吹きすさぶ) 冷たく乾いた風」の「木がらし」に切れ字の「や」がついた「木がらしや」で始まるAである。問題文にある「眼前の小さなもの」とは「目刺（めざし）」のこと。また「豊かな色彩のイメージ」は「目刺」が連想させる「海（うみ）のいろ」である。

2

イ

解説

「向日葵（ひまわり）の蕊（しべ）」という目の前の小さなものを見つめていると、遠くの海は視界から消えてしまう、とうたいながら、**実際には海のことも意識させる俳句となっていることに着目すると、**イが正解とわかる。

3

問　E

解説

問　「今の自分とは異なる、思い出の中にいるかつての自分」はEの「きみに逢う以前のぼく」である。「遭いたくて海へのバスに揺られていたり」の部分からは、一人で海へのバスに乗り、かつての自分を思い出し、向き合おうとする作者の心情が読み取れる。

PART6　作文・表現

1　条件作文・課題作文

問題→P123

1

問一　ウ

問二　（例）X町の調査によると、秋の収穫祭や仮装フェスティバルに参加した若者の数が、五年で約二倍に増えています。国の調査によると、将来も今の町に住んでいたいと思うX町の若者の割合は、全国の割合の二倍となっています。これらのことから、今後もX町は活気のある町であり続けると思います。

解説

問一　「活気が増してきたと思います」、「若者が減っていく心配はないと思います」という意見について、「最近は、これらの行事に同じ学校の生徒や近所の先輩など、若者がたくさん参加するように」なったことや、「大人になってもずっとX町に住みたいと言っている友人も多く」いることなどを根拠として挙げている。**ア**は「聞き手に繰り返し呼びかけている」、**イ**は「対立する意見も取り上げている」、**エ**は「自分の感想を述べないようにして」がそれぞれ誤り。

問二　「X町の調査及び国の調査から読み取ったこと」（条件1）を踏まえ、「X町の今後について考えられることを書く」（条件2）。解答例では、X町の調査から、「秋の収穫祭や仮装フェスティバルに参加した若者の数が、五年で約二倍に増えて」いること、「将来も今の町に住んでいたいと思う」かという国の調査から、「住んでいたいと思うX町の若者の割合は、全国の割合の二倍となって」いることを読み取っている。そしてこれらの指摘を根拠として、「今後もX町は活気のある町であり続けると思います」というX町の今後に対する自身の主張へとつなげている。

2

問　（例）ウ

私が最も大切にしたいことは、社会のルールや人との約束を守ることです。

私が所属していた合唱部では、練習の仕方をめぐってよく部員間の衝突がありました。そこで、話し合いを重ね、皆が気持ちよく練習するためのルールを決めて活動を始めたところ、個々の技術や団結力が高まり、よい成績を残せました。

社会人になっても、集団の中でよりよく生きていくためには、ルールや人との約束を守ることが大切だと考えます。（197字）　※本書の解答欄に沿った字数

解説

問　示された選択肢の中から自分の考えに近いものを選んで述べる問題。字数の指定はあるが、触れるべき内容や指定語句、形式などに関する条件がないため、それらを適宜判断して書く必要がある。

解答例では、**ウ**の「社会のルールや人との約束を守る」ことを選び、まず冒頭で述べている。次に具体例として、部活動で「練習の仕方をめぐってよく部員間の衝突」があったことを挙げ、「ルールを決めて活動を始めたところ、個々の技術や団結力が高まり、よい成績を残せるように」なったと述べている。さらに、具体例を踏まえて、今後社会人として自分が「集団の中でよりよく生きていくためには、ルールや人との約束を守ることが大切」であると結んでいる。

百六十字～二百字という字数の中でも、自身の主張の根拠として具体例を挙げて述べていく方法を身につけておきたい。

3

問　（例）A案の「長年」「多くの生徒」といった表現が、B案では「十五年目」「三十名」という具体的な数値を用いた表現に改められている。

この比較から、私は文章を書くうえでは、伝えようとする事柄が具体的で

あることが大切だと考える。書き手には既知のことでも、読み手には未知のことがある。そういうときでも、イメージのわきやすい具体的な表現を用いることで、より伝わりやすい文章になると考えられる。（199字）

※本書の解答欄に沿った字数

解説

問　作文の条件は、前段で「A案とB案を比較」して、B案に施された工夫について説明すること。「どのように工夫されているか」とあるので、単なる違いへの着目ではなく、その違いを文章を書く際の工夫としてとらえる必要がある。

　続く後段では、前段で述べた工夫を踏まえて、「文章を書くうえで大切」だと自分が考えることを述べる。この清掃活動への参加を呼びかける文章に限らず、広く「文章を書くうえで大切なこと」を説明しなくてはならない。また、「二段落構成」とあるので、これ以上段落を増やしてはいけないことに注意しよう。

　A案とB案の違いについては、解答例で指摘された「具体的な数値」の使用以外にも、「大きな充実感」に「本当にきれいになったね。」という地域の方からの声が添えられていることや、「〜思います。」という主観的な表現の削除、「奉仕活動について興味を持つようになった人」が、「他の奉仕活動に参加するようになった先輩」がいると書き改められていることなどがある。指定字数が二百字以内なので、すべてに触れようとすると後段が書けなくなってしまう。

自分の主張につなげやすい内容を一つ取り上げるとよい。

4

問　（例）　AとBでは、合唱コンクールで重視している点に違いがあります。Aが「最高のハーモニーで」「金賞」をとることを目標とする一方で、Bは「私たちの」「絆（きずな）」を大切にしていることがわかります。

**　秋の運動会で、私のクラスでは、総合優勝を目指したスローガンを設定しました。しかし、勝つことを意識しすぎて、できないことが目につきだし、気まずい雰囲気になりました。このような経験から私は、Bを採用して、クラス全員が合唱コンクールを楽しみ、よい思い出にするほうがよいと考えます。（250字）**

※本書の解答欄に沿った字数

解説

問　作文の条件を確認すると、第一段落でスローガン「AとBの違い」を述べたあと、第二段落で「どちらのスローガンを採用するのがよいかについて」の自身の意見を「身近な生活における体験や具体例」を示しながら書くとある。

　解答例では、Aのスローガンの「金賞」、Bのスローガンの「絆」という言葉に着目して、AとBでは、何を目標としているかについて違いがあると指摘している。第二段落で具体例として挙げているのは、自身の運動会における体験である。「勝つことを意識しすぎるあまり、気まずい雰囲気」になったことに触れ、「金賞」をとることよりも、「クラス全員が合唱コンクールを楽しみ、よい思い出にする」ことに主眼をおいたスローガンを選ぶべきであり、そのためにはBを採用したほうがいいという主張につなげている。

　書き終わったら、誤字脱字はないか、主語と述語は対応しているか、伝わりやすい表現になっているか、指定された条件を満たしているかなどを確認する。必要であれば修正を加えるが、「部分的な書き直しや書き加えなどをするときは、必ずしも『ますめ』にとらわれなくてよい」という［注意］があるので、それに従うこと。

PART6 作文・表現

2 資料の読み取り

問題→P129

1

問　（例）（リサイクル率を向上させるためには、）紙製容器包装やプラスチック容器包装を分別して資源にする（ことが重要だと考えられます。）（27字）

解説

問　条件③、④を確認する。条件③では「表とグラフから読み取った具体的な内容に触れ」ることが求められている。解答すべき内容は、空欄の前後から、「リサイクル率を向上させるために「重要」なことである。このことについてAさんが「少しでもリサイクル率を向上させるために私たちにできることは何でしょうか」と疑問を呈していることに着目する。この疑問に対しCさんが、表へ注目するよう促したところ、Dさんが「これら（分別収集の対象となったもののリサイクル状況）のうち割合の低いもののリサイクルを進めていけばよい」と述べている。さらにBさんが、グラフで「雑がみ」として燃やされてしまっている「紙製容器包装」について指摘しており、Dさんが「本来は分別するべきもの」が「燃やすごみとして捨てられている」ので、「『混ぜればごみ、分ければ資源』ということばの通り」「リサイクルにまわすことが必要」と述べている。

以上のことから、「リサイクル率を向上させるために必要なこと」は、グラフの「燃やすごみ」の中で、表からわかる「リサイクル状況の割合が低い」ものを「分けて資源」とすることといえる。**したがって対象となるのは、表中の「プラスチック容器包装」と「紙製容器包装」である。**条件④にある指定語句の「分別」と「資源」を使って解答することを忘れないようにし、解答欄の前後の語句とのつながりにも注意しながら解答を作ること。

2

問　（例）評議委員会で評議委員の3分の2以上の要求を得る（23字）

解説

問　今年度は終わってしまった生徒総会を再度開くために満たすべき条件を【資料】「生徒会規約」から読み取る。

第4章「議決機関」第14条において、生徒総会には「定例会」と「臨時会」があるとわかる。「定例会」はすでに終わってしまっているので、開催したいのは「臨時会」である。第16条で「臨時会」は「評議委員会において評議委員の3分の2以上の要求があった場合」か「全校投票で会員の3分の1以上の要求があった場合」に招集できるものとされている。ここで、会話文冒頭の「一月の定例執行部会を始めます」という会長の言葉に着目する。第2章「会員の権利及び義務」中の第7条で「会員は全校投票により生徒総会の招集を要求することができる。会員の9割の投票数で全校投票は成立する。ただし、3学期（1月〜3月）には全校投票は行わない」とあるため、「全校投票で会員の3分の1以上の要求があった」としても、今年度中の招集は不可能である。したがって、「評議委員会において評議委員の3分の2以上の要求があった場合」にのみ、招集が可能なのである。解答の条件として「二十字以上二十五字以内」とあるため、指定字数に収まるように、内容はそのままで表現を改める必要があるので注意する。

実戦模試

1 思考力問題演習

問題→P134

1

問一　科学者たち

問二　a　仮説
b　修正
c　とりあえずの真理

問三　（例）自分の仮説で、世界をよりよく説明したいという満足感（を得たいから。）（25字）

問四　（例）植松さんの文章の、さまざまな試みを成功するまで続けることが成功の秘訣であるという内容が、「科学という営み」と共通している。
私も趣味であるお菓子作りの腕を上げるために、多くの製菓に関する本を読んだり、さまざまなレシピを参考に試作を重ねたりするなどの努力を続けていきたい。

解説

問二　傍線部①の後に続く内容を図示したものにあてはまる言葉を抜き出す問題。「『疑うこと』から始ま」る科学は、「仮説」を立て、「実験」による「検証」を行い、必要であれば仮説を「修正」する。実験に成功したら、誰でも再現実験をできるように手続きを明らかにして、ようやく、「とりあえずの真理」が成立するのである。

問三　直後の文が「それは……『満足感』という

報酬が与えられるからではないでしょうか」と理由を表しているため、答えの中心は「満足感」だとわかる。「満足感」については次の段落でさらに「自分のこの仮説で、世界をよりよく説明できるという満足感」とあるので、この部分を使って解答を作る。

問四　二重傍線部「科学という営み」が示しているのは、「仮説と検証を繰り返して、真理に少しでも近づこうとすること」である。植松の文章から読み取れる、この事柄と共通するものは「方向を変え、手を替え品を替えてさまざまな試みをする」ことである。第一段落でこのことについて触れ、第二段落でこの事柄を生活の中でどのように実践していきたいかをまとめる。

2

問一　いうべき
問二　ア
問三　姿
問四　飛び去って見えないほととぎすの残像を、心象に幻視しようとする行為が面白いから。（39字）
問五　エ
問六　驚きと喜び〜ろのある歌

解説

問三　見えない「影」とは、ほととぎすの「影」である。傍線部②の一文前に「実定はほととぎすの姿は見ていません」とあるので、「姿」を抜き出すとよい。

問四　「そのために、『郭公の詠には第一ともいふべきにや』と高く評価されて」いるという点に着目する。「そのため」とあるので一文前を読むと、「飛び去って見えないほととぎすの残像を、心象に幻視しようとする行為こそ、この歌の面白さでした」とあるので、この部分を使って答えるとよい。

問五　「（ほととぎすの）初音を聞くという趣向も、既に『後撰集』に登場しており」とあるので、**エを選べる。ア**は、『万葉集』の中で最も多く詠まれたのは鶯ではなくほととぎすなので誤り。**イ**は、百人一首には「かろうじてほととぎすだけは含まれていました」とあるので誤り。**ウ**は、「平安朝になると……夜鳴く鳥として歌われて」いたとあるので誤り。

問六　「実定歌については……」で始まる段落を読むと、「（ほととぎすの）一声を聞いた驚きと喜びが素直に表出されており、妙にすがすがしいところのある歌」であると評価されている。**この部分が、「月だけしか見ることができなくて」「残念な思い」をしたのではないことの理由となる。設問の字数に合わせて抜き出すことに注意する。**

3

問一　ア・ウ
問二　聖徳太子の十七条の憲法の有名な一節
問三　エ
問四　（例）（「和」というのは、）主体性なく人に合わせる「同」に対して、考え方の違う人が互いに協力してうまくまとまることです。例えば、クラスのみんなが意見を出し、議論して、良いクラスになるための目標を一つに決めていくようなことです。（99字）

解説

問二　「以和為貴」は「聖徳太子の十七条の憲法の一節」の「一節」にあたることをおさえる。文意を正確に伝えるためには、修飾語と被修飾語が近くにあることが望ましいので、「一節」の直前に「有名な」を置くとよい。

問四　健一さんは「和」は「同」とどのように違うのか説明を求めている。これに対する解答を、資料Ⅰ〜Ⅲの適切な箇所を用いて行う。資料Ⅰでは、「和」と「同」の違いは「妥協」するかしないか、資料Ⅱでは「主体性」や「まとまり」の有無とされ、資料Ⅲでは、資料Ⅰの解説文にある「同調」と「協調」の意味の違いは、一文目に意見の異なる他者に対しどのような態度をとるかであるとされている。これらを第一段落でまとめ、二文目以降に「例えば」に続けて具体例を挙げて説明することが作文の条件である。

解答例では、「和」は「考えの違う人が互いに協力してうまくまとまること」、「同」は「主体性なく人に合わせること」だとして、その具体例として「クラスのみんなが意見を出し、議論して……目標を一つに決めていく」ことを挙げている。

KADOKAWA